Pedro Calderón de la Barca

La hija del aire

Parte II

Barcelona **2024**
Linkgua-ediciones.com

Créditos

Título original: La hija del aire.

© 2024, Red ediciones S.L.

e-mail: info@linkgua.com

Diseño de cubierta: Michel Mallard.

ISBN tapa dura: 978-84-9897-440-9.
ISBN rústica: 978-84-9816-455-8.
ISBN ebook: 978-84-9897-080-7.

Sumario

Brevísima presentación

La vida

Pedro Calderón de la Barca (Madrid, 1600-Madrid, 1681). España.

Su padre era noble y escribano en el consejo de hacienda del rey. Se educó en el colegio imperial de los jesuitas y más tarde entró en las universidades de Alcalá y Salamanca, aunque no se sabe si llegó a graduarse.

Tuvo una juventud turbulenta. Incluso se le acusa de la muerte de algunos de sus enemigos. En 1621 se negó a ser sacerdote, y poco después, en 1623, empezó a escribir y estrenar obras de teatro.

Lope de Vega elogió sus obras, pero en 1629 dejaron de ser amigos tras un extraño incidente: un hermano de Calderón fue agredido y, éste al perseguir al atacante, entró en un convento donde vivía como monja la hija de Lope.

Entre 1635 y 1637, Calderón de la Barca fue nombrado caballero de la Orden de Santiago. Por entonces publicó veinticuatro comedias en dos volúmenes y La vida es sueño (1636). En la década siguiente vivió en Cataluña y, entre 1640 y 1642, combatió con las tropas castellanas. Sin embargo, su salud se quebrantó y abandonó la vida militar. Entre 1647 y 1649 la muerte de la reina y después la del príncipe heredero provocaron el cierre de los teatros, por lo que Calderón tuvo que limitarse a escribir autos sacramentales. Calderón murió mientras trabajaba en una comedia dedicada a la reina María Luisa.

La historia

La hija del aire (1653) es una pieza inspirada en un mito. Relata la historia de Semíramis, la reina de Asiria y fundadora de Babilonia, mujer seductora y guerrera, nacida bajo el signo de la violencia (su padre había violado a su madre, ésta lo había ejecutado y a su vez había muerto durante el parto). Semíramis, es acusada por el rey de Lidia de usurpar el poder que debía ser ejercido por Ninias (hijo de Semíramis y de Nino). Tras la acusación el rey de Lidia y Semíramis se declaran la guerra. El pueblo reclama el poder para Ninias y Semíramis renuncia, hace terribles amenazas al reino, y reaparece para ejecutar su venganza disfrazada de Ninias aprovechando el gran parecido que tiene con él.

Personajes

Anteo, viejo
Astrea, dama
Chato, soldado gracioso
Flora, dama
Friso, general de mar
Irán, hijo de Lidoro
Libia, dama
Licas, general de tierra
Lidoro, rey de Lidia
Lisias, viejo
Músicos
Ninias, Príncipe
Semíramis, reina
Soldados

Jornada primera

(Salen Músicos y soldados. Suenan cajas y trompetas y salen Astrea con un espejo, Libia con una fuente, y en ella una espada; Flora con otra y en ella un sombrero; todos los músicos descubiertos; detrás de todos, Semíramis, vestida de luto, suelto el cabello, como vistiéndose, y todas las mujeres sirviéndola.)

Semíramis   En tanto que Lidoro, Rey de Lidia,
          áspid humano de mortal envidia,
          viendo que yo, por muerte de Nino,
          el reino rijo, osado y fuerte,
          opuesto a mis hazañas,
          de Babilonia infesta las campañas;
          Babilonia eminente,
          ciudad que en las cervices del Oriente
          yo fundé, a competencia
          de Nínive imperial, cuya eminencia
          tanto a los cielos sube,
          que fábrica empezando, acaba nube;
          en tanto, pues, que ufano, altivo y loco
          mi valor y sus muros tiene en poco,
          porque vea su ejército supremo
          que su venida bárbara no temo,
          cantad vosotros, y a las roncas voces
          de cajas y trompetas que veloces
          embarazan los vientos,
          repetidos respondan los acentos;
          que aquéllos quellorosamente graves,
          y lísonjeramente éstos suaves,
          que me hablen es justo;
          aquéllos al valor, y éstos al gusto.
          Las almohadas llegad, idme quitando
          estas trenzas, irélas yo peinando.

(Siéntase a tocar, sirviéndola todas con la mayor ostentación que se pueda.)

Músicos   «La gran Semíramis bella,
                      que es, por valiente y hermosa,
                      el prodigio de los tiempos
                      y el monstruo de las historias.
                      en tanto que el Rey de Lidia
                      sitio pone a Babilonia,
                      a sus trompetas y cajas
                      quiere que voces respondan;
                      y confusas las unas y las otras,
                      éstas suaves, cuando aquéllas roncas,
                      varias cláusulas hacen
                      la cítara de amor, clarín de Marte.»

(Toca un clarín y sale Friso por una parte y por otra Licas.)

Licas   Esta trompeta que animada suena,
                      en golfos de aire militar sirena...

Friso   Este clarín que canta lisonjero,
                      en jardines de pluma acude acero...

Licas   De paz haciendo salva, solicita
                      que hoy a un embajador se le permita
                      de Lidoro llegar a tu presencia.

Friso   Y para prevenir esta licencia,
                      cubierto el rostro, viene.
                      No sé el embozo qué misterio tiene.

Semíramis   Decid que entre al instante;
                      que aunque me esté tocando, mi arrogante

condición no da espera
a que me aguarde quien hablarme quiera;
y más siendo enemigo.
Paréntesis haced vosotras, digo,
la acción un breve rato;
que no es ceremonioso mi recato.

(Entra Lidoro con banda en el rostro, y quítasela al hacer reverencia.)

Lidoro   Hasta llegar a verte,
cubierto tuve el rostro de esta suerte,
por no desmerecer en tanto abismo,
oh gran reina de Siria, por mí mismo,
lo que a merecer llego
como mi embajador.

Semíramis   Y no lo niego;
pues si supiera que eras
tú de ti embajador, de mí no fueras
dentro de mis palacios admitido;
pero ya que has venido,
tratarte en todo intento
como a tu embajador. Dadle un asiento
en taburete raso y apartado,
sin que toque en la alfombra de mi estrado.
Di agora lo que intenta,
embajador, el rey.

Lidoro   Escucha atenta.
    Ya te acuerdas, reina invicta
del Oriente, a cuyos hechos,
para haberlos de escribir,
coronista tuyo el tiempo,
da pocas plumas la fama,

poca tinta los sangrientos
raudales de tus victorias,
y poco papel el viento,
ya te acuerdas de que yo,
disfrazado y encubierto,
por la hermosura de Irene,
beldad que hoy muerta venero,
deidad que ausente idolatro,
y uno y otro reverencio,
serví a Nino, esposo tuyo,
que hoy, de la prisión del cuerpo
su espíritu desatado,
reina en más ilustre imperio.
Y ya te acuerdas, en fin,
de que a esta ocasión vinieron
nuevas del reino de Lidia,
mi feliz patria, diciendo
que Estorbato, rey de Batria,
tomando por mí el pretexto
de la guerra, pretendía
restituirme a mi reino
y que yo le acompañaba;
porque para dar por cierto
el vulgo lo que imagina,
basta pensarlo, sin verlo.
Nino, embarazado entonces
en otros divertimientos,
hallándose bien servido
de mí en la paz, y queriendo
servirse de mí en la guerra,
de general me dio el puesto,
para el socorro de Lidia.
¿Quién creerá que a un mismo tiempo
Arsidas contra Lidoro

se viese nombrado, y siendo
Lidoro y Arsidas yo,
en dos contrarios opuestos,
allí rey y aquí vasallo,
marchase contra mí mesmo?
A otro día, pues, que Nino
reina te juró —no quiero
acordarte de aquel día
los admirables portentos—,
pues el cielo que los hizo
solo sabrá inferir de ellos
si fueron de tu reinado
o vaticinios o agüeros;
y aun Menón también pudiera
decirlo, siendo el primero
que examinó tus rigores;
pues vivió abatido y ciego,
hasta que desesperado,
o con rabia o con despecho,
al Eufrates le pidió
su rápido monumento.
A otro día, pues, que Nino
reina te juró —aquí vuelvo—,
salí de Nínive yo,
marchando a los palmirenos
campos, que, cuna del Sol,
me alojaron en su centro.
Aquí, cuando los de Lidia
tremolar al aire vieron
de Nino los estandartes,
cobraron ánimo nuevo,
como temor los de Batria;
pero después que supieron
que era yo quien los regía,

se trocaron los afectos,
creyendo todos que fuera,
la parcialidad siguiendo,
traidor a la confianza
que Nino de mi había hecho.
Yo, pues, más que a mi interés,
a mi obligación atento,
de lo neutral de la duda
me desempeñé bien presto;
porque llegando Estorbato
a verse conmigo en medio
de los dos campos, así
le dije: «De parte vengo
de Nino; esta gente es suya;
la confianza que ha hecho
de mí, engañado de mí,
satisfacérsela tengo;
que yo soy antes que yo,
y no monta estado y reino
más que mi honor». Quiso entonces
convencerme con pretextos
de que cobrar yo mi patria
no era traición; y, en efecto,
desavenidos los dos,
él osado y yo resuelto,
la batalla prevenimos,
en cuyos duros encuentros
llevé lo mejor; que como
jugaba entonces mi aliento
por otro, gané; que, en fin,
tahur desdichado, es cierto
que los restos gana cuando
no gana en los restos.
Volvióse a Batria Estorbato,

desbaratado y deshecho,
y yo, en el nombre de Nino,
a Lidia aseguré, haciendo
que solamente se oyese:
«¡Viva Nino, que es rey nuestro!»
Llegaron entrambas nuevas
a sus oídos, y viendo
de confianza y valor
en mí dos vivos ejemplos,
admirado y obligado
de mi lealtad y mi afecto,
uno y otro me pagó
con Irene, conociendo
que tantas nobles finezas
no se premiaran con menos.
Dióme con Irene a Lidia,
mi misma patria, advirtiendo
que había de reconocerle
feudatario de su imperio.
En esta tranquilidad
gozoso viví y contento,
hasta que se subió a ser
astro añadido del cielo,
dejando en prendas de humana
a Irán, hijo suyo bello,
retrato de Amor, con quien
sus soledades divierto.
En este intermedio quiso
el gran Júpiter supremo
que súbitamente Nino
también muriese. No puedo
excusar aquí el seguir
—perdóname si te ofendo—
la voz común, que en su muerte

cómplice te hace, diciendo
que al verte con sucesión
que asegurase el derecho
de sus estados, pues Ninias
joven, hijo del rey muerto,
afianzaba la corona
en tus sienes, tu soberbio
espíritu levantó
máquinas sobre los vientos,
hasta verte reina sola;
fácil es de ti el creerlo.
Esta opinión asegura
el ver que hiciste, primero
que él muriese, que te diese
por seis días el gobierno
de sus reinos, en los cuales,
a los alcaides que fueron
de Nino hechuras, quitaste
las plazas fuertes, poniendo
hechuras tuyas; y así
en todos los demás puestos.
Siguióse a esto hallar a Nino
una mañana en su lecho,
sin que antes le precediese
crítico accidente, muerto.
Y aun no falta alguien que diga
que, en lo cárdeno del pecho
lo hinchado del corazón,
son indicios verdaderos
de que del difunto rey
fuese homicida un veneno,
tan traidoramente osado,
tan osadamente fiero,
que, imagen ya de la muerte,

hizo dos veces al sueño.
También de tu tiranía
es no menor argumento
el ver que, teniendo un hijo
de esta corona heredero,
y tan digno por sus partes
de ser amado —que el cielo
le dio lo mejor de ti,
pues te parece en extremo,
sin nada de lo que es alma,
en todo de lo que es cuerpo;
pues, según dicen, la docta
Naturaleza un bosquejo
hizo tuyo, en rostro, en voz,
talle y acciones—, y siendo
hijo tuyo y tu retrato,
le crías con tal despego,
que de Nínive en la fuerza,
sin el decoro y respeto
debido a quien es, le tienes,
donde de corona y cetro
tiranamente le usurpas
la majestad y el gobierno.
De todos aquestos cargos,
como hermano del rey muerto,
pues fui de su hermana esposo,
de quien hoy sucesión tengo,
que a aquesta corona aspire,
a residenciarse vengo;
porque si es así que tú
diste muerte, y yo lo pruebo,
a Nino, tú, ni tu sangre,
habéis de heredarle, y entro,
como pariente mayor

yo, en el perdido derecho
de los dos; y como, en fin,
de los reyes en los pleitos
es tribunal la campaña,
jurisconsulto el acero
y la fortuna el juez,
con armas, huestes vengo
de ejércitos numerosos,
que, inundando los amenos
campos hoy de Babilonia,
pongan a sus muros cerco.
Porque no ignores la causa
que para esta guerra tengo,
como mi embajador quise
hacerte este manifiesto;
y así, en tanto que estos cargos
se te articulan y de ellos
no te absuelves, te has de dar
a prisión, o yo cumpliendo,
con haberlos intimado,
podré, sin calumnia o riesgo
de tirano, publicar
el asalto a sangre y fuego,
para que el cielo y la tierra
vean cuánto soy tu opuesto;
pues tú, como fiera ingrata,
quitas la vida a tu dueño;
y yo, como can leal,
le sirvo después de muerto.

Semíramis   No sé cómo mi valor
ha tenido sufrimiento
hoy para haberte escuchado
tan locos delirios necios,

sin que su cólera ardiente
haya abortado el incendio
que en derramadas cenizas
te esparciese por el viento.
Pero ya que esta vez sola
templada me he visto, quiero
ir, no por ti, mas por mí,
a esos cargos respondiendo.
Dices que ignoras si fue
aquel eclipse sangriento
del día que me juraron
o favorable o adverso;
y bien la causa pudieras
inferir por los efectos;
pues no agüero, vaticinio
sería el que dio sucesos
tan favorables a Siria
desde que yo en ella reino.
Díganlo tantas victorias
como he ganado en el tiempo
que esposa de Nino he sido,
sus ejércitos rigiendo,
Belona suya, pues cuando
la Siria se alteró, vieron
los castigados rebeldes
en mi espada su escarmiento.
Sobre los muros de Icaria,
cuando estaba puesto a cerco,
¿quién fue la primera que
la plaza escaló, poniendo
el estandarte de Siria
en su homenaje soberbio,
sino yo? ¿Quién esguazó
el Nilo, ese monstruo horrendo

que es, con siete bocas, hidra
de cristal, en seguimiento
de la rota que le di
al gitano Tolomeo?
En la paz, ¿quién las dio más
esplendor, lustre y aumento
a las políticas doctas
con leyes y con preceptos?
Pues cuando Marte dormía
en el regazo de Venus,
velaba yo en cómo hacer
más dilatado mi imperio.
Babilonia, esa ciudad
que desde el primer cimiento
fabriqué, lo diga; hablen
sus muros, de quien pendiendo
jardines están, a quien
llaman pensiles por eso.
Sus altas torres, que son
columnas del firmamento,
también lo digan, en tanto
número, que el Sol saliendo,
por no rasgarse la luz,
va de sus puntas huyendo.
Pero ¿para qué me canso
cuando mis obras refiero,
si ellas mismas de sí mismas
son las corónicas? Luego
recibirme a mí con salva,
al jurarme, todo el cielo,
padecer de asombro el Sol
y de horror los elementos,
pues siguieron favorables
a esta causa los efectos,

bien claro está que serían
vaticinios y no agüeros.
Decir que Menón lo diga
es otro blasón, si advierto
que ninguno pudo ser
mayor; pues ¿qué más trofeo
que morir desesperado
de mi amor y de sus celos?
En cuanto a que di a mi esposo
muerte, ¿no es vano argumento
decir que, porque me dio
antes de morir el reino
por seis días, le maté?
¿No alega en mi favor eso
más que en mi daño? Sí; pues
si vivía tan sujeto,
tan amante y tan rendido
Nino a mi amor, ¿a qué efecto
había de reinar matando,
si ya reinaba viviendo?
Y cuánto le adoré vivo,
como a Rey, esposo y dueño,
¿no lo dice un mausoleo
que hice a sus cenizas, muerto?
Decir que a Ninias, mi hijo,
de mí retirado tengo,
y que, siendo mi retrato,
parece que le aborrezco,
es verdad lo uno y lo otro;
que como has dicho tú mesmo,
no me parece en el alma,
y me parece en el cuerpo.
Y aunque tú que en lo mejor
me parece has dicho, es cierto

que en lo peor me parece,
pues sería más perfecto
si hubiera de mí imitado
lo animoso que lo bello.
Es Ninias, según me dicen,
temeroso por extremo,
cobarde y afeminado;
porque no hizo solo un yerro
Naturaleza en los dos,
si es que lo es el parecernos,
sino dos yerros: el uno
trocarse con su concepto,
y el otro habernos trocado
tan totalmente el afecto,
que, yo mujer y él varón,
yo con valor y él con miedo,
yo animosa y él cobarde,
yo con brío, él sin esfuerzo,
vienen a estar en los dos
violentados ambos sexos.
Ésta es la causa por que
de mí apartado le tengo,
y por que del reino suyo
no le doy corona y cetro,
hasta que disciplinado
en el militar manejo
de las armas y en las leyes
políticas del gobierno,
capaz esté de reinar.
Mas ya que murmuran eso,
parte, Licio, y di a Lisias,
ayo suyo, que al momento
Ninias venga a Babilonia.
Verán su ignorancia, viendo

que es próvido en esta parte,
y no tirano mi intento.
Y agora, a la conclusión
de tus discursos volviendo,
¿de qué vienes de estos cargos,
Lidoro, a ponerme pleito?
Ya que no me dé a prisión,
solo responderte quiero
que ya echas de ver que aquí
has entrado a hablarme a tiempo
que estaba entre mis mujeres,
consultando con ese espejo
mi hermosura, lisonjeada
de voces y de instrumentos;
y así, en esta misma acción
has de dejarme, volviendo
las espaldas; pues aqueste
peine, que en la mano tengo,
no ha de acabar de regir
el vulgo de mi cabello,
antes que en esa campaña
o quedes rendido o muerto.
Laurel de aquesta victoria
ha de ser; porque no quiero
que corone mi cabeza
hoy más acerado yelmo
que este dentado penacho,
que es femenil instrumento;
y así, me le dejo en ella
entretanto que te venzo.
Y aunque pudiera esperar,
fiada en aquesos inmensos
muros, el asalto, no
me consiente el ardimiento

de mi cólera que apele
a lo prolijo del cerco.
A la campaña saldré
a buscarte; pues es cierto
que cuando no hubiera tanto
número de gentes dentro
de Babilonia, ni en ella,
por Atlante de su peso,
estuviesen Friso y Licas,
hermanos en el aliento
como en la sangre, y los dos
generales por sus hechos
de mar y tierra, yo sola
hoy con mis mujeres pienso
que te diera la batalla,
porque un instante, un momento
sitiada no me tuvieras.
Y así, vete, vete presto
a formar tus escuadrones;
que si te detienes, temo
que la ley de embajador
su inmunidad pierda, haciendo
que vuelvas por ese muro,
tan breves pedazos hecho,
que seas materia ociosa
de los átomos del viento.

Lidoro   Pues si a la batalla intentas
            salir, en ella te espero.

Licas   Y en ella verás que tiene
            vasallos cuyos esfuerzos
            sus laureles aseguran.

Lidoro	En el campo lo veremos.
Friso	Sí verás, tan a tu costa, que llores, Lidoro, el verlo.
Lidoro	Quien menos habla, obra más.
Licas	Pues a obrar más.
Friso	A hablar menos.
Lidoro	Toca al arma.
Licas	Al arma toca.

(Vase Lidoro.)

Semíramis	Dadme ese bruñido acero; seguidme todos, y tú, Licas, ostenta hoy tu esfuerzo; mira que anda por hacerte dichoso un atrevimiento.
Licas	No entiendo a qué fin persuades a mi valor, conociendo ya mi valor.
Semíramis	No te admires; que yo tampoco lo entiendo. Tocad al arma, y en tanto, vosotras tenedme puesto, mientras salgo a la campaña, el tocador y el espejo, porque en dando la batalla,

al punto a tocarme vuelvo.

(Vase Semíramis. Suenan cajas, trompetas y ruido de armas y dicen dentro.)

Voces   ¡Armas, armas!

Otros   ¡Guerra, guerra!

Otros   ¡Viva Semíramis!

Todos   ¡Viva!

Otros   ¡Viva Lidoro, y reciba
                         la posesión de esta tierra!

(Salen Lidoro y soldados.)

Soldado   Ya de los muros salieron
                         diversas tropas, y ya
                         tu gente dispuesta está.

Lidoro   ¿Adónde, cielos, cupieron
                            tantas gentes? ¿Qué ciudad
                         tener pudo, sin espanto,
                         en sus entrañas a tanto
                         número capacidad?
                            Cuerpos tomaron sutiles,
                         sin duda, a tantos combates
                         las arenas del Eufrates,
                         las hojas de los pensiles.
                            Del Sol el nuevo arrebol
                         las luces mira deshechas;
                         que las nubes de sus flechas
                         son noche alada del Sol.

Voces (Dentro.)	¡Guerra, guerra!

Lidoro	Ya hacia allí
	trabada la lid se ve.
	A morir matando iré.

(Éntranse, y dase la batalla.)

Licas (Dentro.)	¿Dónde estás, Lidoro?

Lidoro	Aquí
	me hallarás; que nunca yo,
	aunque me siga la suerte,
	la espalda volví a la muerte.

Soldado	El rey en la lid entró;
	seguidle, no le dejéis.

(Vuelve a salir Lidoro herido, cayendo y tras él Licas y Friso, y por otra parte sale Semíramis.)

Friso	Mía será esta victoria.

Licas	Mía ha de ser esta gloria.

Semíramis	Esperad, no le matéis.

Friso	¿Tú le defiendes?

Semíramis	Sí, que hoy,
	más que verle muerto quiero
	de mis armas prisionero.

Lidoro	Rendido a tus pies estoy,
	ya que mis desdichas son
	tales, y ya que ninguna
	vez se puso la Fortuna
	de parte de la razón.

| Semíramis | Haced que de la batalla |
| | el alcance no se siga. |

Friso	Apenas de la enemiga
	hueste en el campo se halla
	más que la ruina; que en sumas
	tragedias, ya del Eufrates
	las arenas son granates
	y corales las espumas;
	y huyendo por los desiertos,
	de tus rigores esquivos,
	los que han escapado vivos
	van tropezando en los muertos.

Semíramis	Que yo me diese a prisión
	fue tu intento; y siendo así,
	será prenderte yo a ti
	debida satisfacción.
	Fiera ingrata me llamaste
	hoy, cuando a ti can leal;
	luego si con nombre tal
	me ofendiste y te ilustraste,
	tiranías no serán
	que yo en esta parte quiera,
	procediendo como fiera,
	tratarte a ti como can.
	De mi palacio al umbral
	atado te he de tener;

allí has de estar; que he de ver
si me le guardas leal
   y vigilante desde hoy;
que si del can es empeño
el ser leal con su dueño,
desde aquí tu dueño soy.

Lidoro
   Es verdad; pero aunque eres
tú mi dueño, y yo can sea,
no es justo que en mí se vea
esa lealtad que hallar quieres,
   maltratado; pues si agravia
el dueño a su can, le pierde
el cariño, y al fin muerde
a su dueño con la rabia.
   A tus pies estoy rendido;
no con tan grande rigor
me trates.

Licas
           El vencedor
siempre honra al que ha vencido.
   Esto por merced, señora,
de haberlo rendido yo,
te pido humilde.

Friso
                     Yo no,
que también le rendí agora,
   sino que su singular
error castigues, porque
nadie se te atreva en fe
de que le has de perdonar.

Licas
   Vence dos veces, piadosa.

Friso	El castigo es el vencer.
Semíramis	Dices bien, y eso ha de ser.
Lidoro	Reina invencible y hermosa,
	dame muerte, y no con tanto
	oprobio quieras que viva.
Semíramis	Poco mi soberbia altiva
	se enternece de tu llanto.
	A un villano haced llamar,
	que desde Ascalón tras mí
	vino a Nínive, a quien di
	el oficio de cuidar
	de los perros de mi caza.

(Sale Chato, de vejete.)

Chato	Aquí está Chato, señora;
	que para seguirte agora
	el temor no le embaraza
	de la guerra, porque ya
	sabía que habías de ser
	la que había de vencer,
	según declarada está
	en tu dicha la Fortuna.
	Y ¿qué razones más llanas
	que, estando lleno de canas
	yo, no tener tú ninguna,
	siendo los dos de una edad,
	cuarenta años más o menos,
	y con sucesos tan buenos
	yo como tú?

Semíramis	Levantad. ¿Qué sucesos?

Chato	¿Pueden ser
	más iguales que enviudar
	los dos a un tiempo, y quedar
	sin marido y sin mujer?
	    Pero ya que me he casado,
	sea para darme agora
	algún oficio, señora,
	que me saque de aperreado.
	    ¿Qué me mandas?

Semíramis	Que del modo
	que alimentar, Chato, sueles
	mis sabuesos y lebreles,
	trates a ese hombre; y todo
	    su manjar ha de comer;
	en mi zaguán han de verlo
	cuantos pasaren, y al cuello
	traílla le has de poner;
	    y tú como él, si no
	le guardas, has de vivir.

Chato	Pues si él se me quiere ir, ¿qué le tengo de hacer yo?
Semíramis	Con aquesto, a la ciudad volvamos. Ven tú conmigo; que tienes de ser testigo mayor de mi vanidad. Al estribo te han de ver de mi caballo.

Lidoro	¿Ya estás vengada?
Licas	Reina...
Semíramis	No más.
Friso	Bien haces.
Semíramis	Esto ha de ser; que si de can blasonabas, quejoso no es bien te ofrezcas, pues te hago que parezcas lo mismo de que te alabas.
Friso	Con nueva salva reciba Babilonia victoriosa a su heroica reina hermosa.
Todos	¡Viva Semíramis, viva!
Chato	¡En buen cuidado esta vez la fortunilla me ha puesto! Solo me faltaba esto al cabo de mi vejez. Si mi riesgo no remedia el desvelo y el cuidado, peor está que el soldado de la primera comedia. ¿Guardar yo, siendo esto así que en mi vida guardé un cuarto? ¡Guárdele otro! ¿No hace harto un hombre en guardarse a sí?

(Suena la música de chirimías.)

      ¡Con qué grande majestad
vuelve a la ciudad triunfante
esta altiva, esta arrogante
hija de su vanidad!
      Ya en su palacio la espera
toda la gente; yo quiero
ir allá, pues de perrero
me he convertido en perrera.

(Semíramis habla dentro a Lidoro.)

Semíramis   A este umbral has de quedarte,
racional bruto, y de aquí
ninguno pase.

(Sale Semíramis.)

Astrea   Hoy en ti
a Venus se rinde Marte.

Libia   Dicha ha sido singular.

Semíramis   Astrea, toma este acero;
Libia, el espejo; que quiero
acabarme de tocar.
      El tono que se cantaba
cuando aquel clarín sonó,
prosiga agora; que yo
me acuerdo bien de que estaba
  en oírle divertida;
y una batalla, no es justo
decir que me quitó el gusto

que me tuvo entretenida.
Vuelva, pues, donde cesó;
y este bajel vuelva el bello
golfo a surcar del cabello,
donde varado quedó.

Músicos   «La gran Semíramis bella,
reina del Tigris al Nilo...»

(Tocan cajas y dicen dentro.)

Voces   ¡Viva Ninias, nuestro rey!
¡Viva el sucesor de Nino!

Semíramis   Oíd. ¿Qué confusas voces
son éstas? ¿Qué ha sucedido?
Licas, ¿qué es esto?

(Sale Licas.)

Licas   No sé,
porque solamente miro,
desde aquestos corredores,
todo el vulgo dividido
ocupar calles y plazas,
ya en tropas y ya en corrillos;
y sin saber más, mi afecto
me trujo a hablarme contigo.

Semíramis (Aparte.)   (Bien ese afecto me debes.
Pero yo miento. ¿Qué digo?)

(Dentro voces.)

Voces	¡Viva nuestro invicto rey!
Otro	No dejemos ya regirnos de una mujer, pues tenemos príncipe tan grande.
Semíramis	Friso, ¿qué es eso?

(Sale Friso.)

Friso	No sé, señora, porque solamente el ruido a tu presencia me trae.
Semíramis	Ya saberlo solicito.

(Sale Lisias.)

Lisias	Aguarda, detente, espera; que pues que yo me anticipo, señora, a besar tu mano antes que Ninias tu hijo, solo ha sido a darte cuenta de la novedad que ha habido.
Semíramis	Dilo, aunque para saberlo no me importa ya el oírlo.
Lisias	Que viniese a Babilonia Ninias, de tu parte Licio me mandó, y a tu obediencia pronto se puso en camino. A Babilonia llegamos,

donde el puente levadizo,
viendo tu mismo retrato,
nos dio paso sobre el río.
A palacio caminaba
el príncipe, agradecido
a la dicha de llegar
a tus pies en tan propicio
día, que tú victoriosa
triunfabas de tu enemigo.
Su hermosura ganó en todos
un afecto tan benigno,
que, no diciéndolo nadie,
todos dijeron a gritos...

Uno (Dentro.)   No una mujer nos gobierne,
porque aunque el cielo la hizo
varonil, no es de la sangre
de nuestros reyes antiguos.

Voces (Aparte.)   ¡Viva Ninias, nuestro Rey!
¡Viva el sucesor de Nino!

Semíramis   Calla, calla, no lo digas,
pues ya esa voz me lo ha dicho,
y es hoy sentirlo dos veces
llegar dos veces a oírlo.
Desagradecido monstruo,
que eres compuesto vestigio
de cabezas diferentes,
cada una con su juicio,
pues cuando acabo de darte
la victoria que has tenido,
¿de que soy mujer te acuerdas,
y te olvidas de mi brío?

Voces (Dentro.)	Sí, que Rey varón queremos.
Otro (Dentro.)	Habiéndole en edad visto
	capaz de reinar, no es justo
	que reines tú, que no has sido
	sangre ilustre y generosa
	de nuestros Reyes invictos.
Semíramis	Es verdad; pero de dioses
	desciende mi origen limpio.
	Licas, de este atrevimiento
	venganza a tu valor pido.
Licas	Bien sabes de mí la fe
	y lealtad con que te sirvo;
	mas si el príncipe es, señora,
	de mi rey natural hijo,
	y tiene razón, y es pueblo,
	¿quién bastará a reducirlo?
Friso	Yo bastaré, y de tu nombre
	la voz tomaré; que estimo
	más el ser vasallo tuyo.
Semíramis	Yo te lo agradezco, Friso;
	y Licas verá algún día
	cuánto en mi gracia ha perdido.
(Aparte.)	(Estoy por decirlo; pero
	vame mucho en no decirlo.
	Mas detente; que ya es justo,
	en empeño tan preciso,
	mudar de consejo y dar
	a este vulgo más castigo

del que de mí habrá esperado,
si no del que ha merecido.)
Formado cuerpo de tantos,
que parciales y divisos
os alimentáis de solas
las novedades del siglo,
bien sabéis de mi valor
que pudiera reduciros
al yugo de mi obediencia
y de esta espada a los filos;
pero quiero de vosotros
tomar, con mejor estilo,
mejor venganza. Esta sea,
pues no me habéis merecido,
que me perdáis desde aquí.
Ya del gobierno desisto,
de vuestro cargo me aparto,
de vuestro amparo me privo.
La viudez que no he guardado
hasta aquí por asistiros,
guardaré desde hoy; y así,
el más oculto retiro
de este palacio será
desde hoy sepulcro mío,
adonde la luz del Sol
no entrará por un resquicio.
Ningún hombre me verá
el rostro, siendo mi hijo,
por serlo, de aquesta ley
el primer comprehendido;
y así, entrar no le dejéis
a él, ni a nadie, a hablar conmigo.
En sus manos, le decid,
que el cetro y laurel altivo

dejo; que dé a sus vasallos
ese gusto de regirlos,
hasta que a mí me echen menos;
pues ya solo el valor mío
siente que se me parezca,
porque no podrá el olvido
borrarme de sus memorias.

Friso   ¡Señora!

Semíramis   Déjame, Friso.

Licas   Advierte...

Semíramis   Vos no me habléis.

Lisias   Mira que...

Semíramis   Ya nada miro.
Quédate, pueblo, sin mí.
Todos me dejad. Conmigo
nadie venga. Rey tenéis;
seguidle a él. Un basilisco
tengo en los ojos, un áspid
en el corazón asido.
¿Yo sin mandar? De ira rabio.
¿Yo sin reinar? Pierdo el juicio.
Etna soy, llamas aborto;
volcán soy, rayos respiro.

Licas   ¡Qué ambicioso sentimiento!

Friso   ¡Qué sentimiento tan digno!

Lisias	¡Qué resolución tan ciega y sin tiempo!
Licas	Lisias, dinos: ¿Dónde el príncipe quedó, viniéndote tú?
Lisias	No quiso acabarme de escuchar Semíramis.
Friso	Ahora dilo.
Lisias	Viniendo a palacio ya, ese eminente obelisco, regular Atlante nuevo, nuevo fabricado Olimpo, mauseolo consagrado a las cenizas de Nino, preguntó qué templo era; y habiendo entonces oído que era el sepulcro eminente de su padre, así le dijo: «Salve, depósito fiel del mejor rey que ha tenido el mundo, si amor no hubiera borrado su nombre altivo. Salve, y de mí no se diga que la primer vez que miro de tu urna las cenizas, no doy de mi amor indicios. No he de llegar de palacio a ver los umbrales ricos, sin que primero vea el mundo

que, a mi ser agradecido,
es aquéste en Babilonia
el primer umbral que piso,
reverenciando postrado
hoy en su fin mi principio.»
Y echándose del caballo,
dentro entró, y al mármol liso
que muerto le deposita
y le representa vivo,
besó la mano, pidiendo
de su culto a los ministros
le sacrifiquen; y él queda
asistiendo al sacrificio,
cuya acción piadosa más
pudo alterar los motivos
del pueblo. A buscarle vuelvo,
y a decir cuánto ha sentido
Semíramis sus aplausos,
porque venga prevenido
a desenojarla. ¡Dioses,
doleos de su peligro!

Astrea   Padre y señor, ¿de esa suerte
te vas, y habiéndome visto
para besarte la mano,
lugar no me has permitido?

Lisias   ¡Ay hija! No a mi amor culpes,
que esta novedad que admiro
ha embargado los afectos
hoy de todos mis sentidos.

(Vase Lisias.)

Licas	Aunque Babilonia hoy
	en confusiones y gritos

Licas

Aunque Babilonia hoy
en confusiones y gritos
alterada, hermosa Libia,
cumpla con su nombre mismo,
porque no excepta lugares,
tiempos ni personas, dijo
un sabio que amor y muerte
eran los más parecidos;
y así, pues las novedades
que a todos han suspendido,
a mí me han dado ocasión
de hablaros, ose deciros,
¿cuándo seré tan dichoso
que merezca el amor mío
la suma gloria que espero
y el grande amor a que aspiro?

Libia

Ya vos sabéis cuánto, Licas,
a vuestra fe agradecido,
mi pecho os estima; pero
esa ocasión que habéis dicho,
no he de darla yo. La reina
es dueño de mi albedrío.
Pedidme a la reina vos.

Licas

Con esa esperanza vivo.

Friso

Yo, hermosa, divina Astrea,
ya que ninguna he tenido,
no os digo, ¿cuándo seré
felice? Que solo os digo
¿cuándo no seré infelice?
Pues favor no solicito
para ser amado; basta

el no ser aborrecido.

Astrea   Tarde, Friso, porque en mí
esos desdenes esquivos
son naturaleza, y mal
podéis nunca reducirlos.

Friso   Tan hallado estoy con ellos
y por vuestros los estimo,
que con ellos no echo menos
el bien a que no me animo.

(Tocan chirimías y dicen dentro.)

Voces   ¡Viva Ninias, nuestro rey!
¡Viva el sucesor de Nino!

Libia   Ya de más cerca se escuchan
las voces que dan indicio
de que ya el príncipe llega;
y así, de esta cuadra idos
los dos.

Licas   Aquí, a mi pesar,
de vuestra luz me despido.

Friso   Yo no, Astrea, de la vuestra,
porque sé que en esto os sirvo.

Astrea   No se va quien deja tantos
pesares de haberle visto.

Friso   También vivo feliz yo,
pues padezco.

Astrea
> Si imagino
> que mi desprecio estimáis,
> ni aun desprecios tendréis míos.

Libia
> Adiós, Licas.

Licas
> Él os guarde.
> Vamos, porque es justo, Friso,
> que al príncipe le besemos
> los dos la mano.

Friso
> Yo sigo
> a Semíramis en todo;
> y así, hasta que haya sabido
> si en esto pude enojarla,
> no le veré.

Licas
> Esto es preciso,
> que es nuestro príncipe.

Friso
> Ella
> nuestra reina, a quien yo sirvo.

Licas
> Pues yo voy a verle.

Friso
> Y yo
> de su vista me retiro.

(Vanse los dos.)

Libia
> ¿Hasta cuándo, hermosa Astrea,
> ingrato tu pecho altivo
> ha de negarle al Amor

tributo?

Astrea   Aunque ves que a Friso
                aborrezco, no a mi pecho
                acuses con desvaríos
                de incapaz Amor. Bien sé
                qué es querer; y si te digo
                la verdad, mis pensamientos
                son más osados y altivos.

Libia   ¿Cómo?

Astrea   Hija soy de Lisias;
                con Ninias, príncipe invicto,
                me he criado.

Libia   Ya te entiendo.
                Fuera de que ha interrumpido
                tu voz la música.

Astrea (Aparte.)   (Aquí
                esperarán mis sentidos,
                locos de amor, a su dueño.)

(Vanse. Tocan chirimías y sale todo el acompañamiento y detrás Ninias en traje de camino, y a la puerta por donde sale está Lidoro atado con cadena y Chato junto a él.)

Voces   ¡Viva el sucesor de Nino!

Ninias   De todos vuestros aplausos
                hago a los cielos testigos,
                que, a disgusto de mi madre,
                ni los escucho ni admito.

45

Uno	Tú eres nuestro rey, y tú solamente has de regirnos.
Ninias	Y ya que una obligación de hijo en el templo he cumplido, dejad que acuda a las otras, a mi madre agradecido.
Chato (Aparte.)	(Cuando niño no era Ninias, a su madre parecido tanto, aquel rostro y aquéste, ¿quién no dirá que es el mismo?)
Ninias	Tened, no paséis de aquí. ¿Qué lástima es la que miro, cuando del real palacio la primera losa piso?
Chato (Aparte.)	(Ella es, vestida de hombre o yo he de perder el juicio.)
Ninias	Hombre, ¿quién eres?
Lidoro	Señor, de la Fortuna un delirio, un frenesí de la suerte, de los hados un prodigio, y del humano poder el escarmiento más vivo.
Chato (Aparte.)	(Lo de un huevo a otro no es nada, que hay huevos no parecidos; que unos se dan a dos cuartos,

46

y otros se pagan a cinco.)

Ninias   ¿Qué delito así te ha puesto?

Lidoro   Haber infeliz nacido.

Ninias   ¿Delito es ser infeliz?

Lidoro   Y no pequeño delito.

Ninias   Dime, ¿quién eres?

Lidoro   Lidoro,
rey de Lidia; y este aviso,
pues te coge a los umbrales
de reinar, príncipe invicto,
sírvate de algo, observando
cuerdo, atento y advertido,
que pasar de extremo a extremo
es de la Fortuna oficio.

Ninias   ¿Tú eres el que a Babilonia
intentaste poner sitio?

Lidoro   Sí, señor, y tú y tu padre
alentasteis mis motivos.

Ninias   Eso no entiendo ni quiero
entenderlo. Enternecido
me han dejado tus fortunas,
y aun me ha parecido indigno
que así al vencido se trate;
y si agora no te libro,
es porque no sé si tienes

más culpa que ser vencido.
Y aunque la tengas, Lidoro,
palabra doy al impíreo
coro de los dioses que hoy
no pida, a los pies rendido
de Semíramis mi madre,
en premio de que no admito
un reino, sino que tengas
la libertad que has tenido.

Lidoro   Como can estoy atado,
y así, como can me humillo,
halagándote los pies
humilde y agradecido.

(Vase Lidoro.)

Chato   No hará un bien solo en librarle,
sino dos, porque no vivo,
ni como, ni bebo, ni

(Guardándole.)   duermo, ni hago otro ejercicio,

Ninias   Pues, ¿quién eres?

Chato   Chato, aquél que cuando niño
solía jugar con él.

Ninias   No te había conocido.

Chato   Yo tampoco, porque está
a su madre parecido
más que antes; todo su rostro
cortado es aqueste mismo.

Ninias	Dime, ¿cómo estás tan viejo y tan pobre?
Chato	Como sirvo.
Ninias	Yo me acordaré de ti.
Chato	Y yo diré, Si me miro medrado, que como hay un diablo a otro parecido, un ángel a otro también.

(Salen Licas y Friso.)

Friso	¿Que salir no haya podido de palacio, sin que todos vean que de él me retiro pesaroso de este aplauso?
Licas	En tanto, príncipe invicto, que al cuarto vas de la reina, mi señora, te suplico permitas besar tu mano.
Lisias	Licas, gran señor, ha sido el vasallo que dio a Siria más victorias.
Ninias	Ya he oído vuestro nombre, y conocemos por vuestra persona estimo.
Licas	Conoceréis el vasallo que más desea serviros.

Ninias	Alzad del suelo. ¿Un hermano no tenéis?
Licas	Sí, señor; Friso.
Ninias	Pues ¿cómo, tan retirado, no llegas a hablarme?
Friso	Rendido a vuestras plantas estoy.
Ninias	Muy tarde y de espacio ha sido; y quizá algún día veréis que, aunque no caigo advertido en todo, lo entiendo todo, y uno entiendo y otro estimo.
Licas	¿Por qué...?
Ninias	No hablo con vos, Licas.
Friso	Yo quise...
Ninias	Bien está, Friso. ¿Cuál es de mi madre el cuarto?

(Salen Astrea y Libia.)

Astrea	Aqueste, príncipe invicto, a cuyos umbrales yo a besaros me anticipo la mano.

Ninias	Del suelo alzad;
	que en mis brazos os recibo,
	por deciros que el ausencia
	en mí nunca engendra olvido,
	porque vengo muy gustoso
	a veros amante y fino.
Astrea	Todo a mi fe lo debéis,
	mas callar ahora es preciso.
Ninias	Entraré a ver a mi madre.
Libia	Ella, gran señor, nos dijo
	que nadie entrar se permita
	dentro aunque fueseis vos mismo.
Ninias	Si quien no fuera una dama
	aqueso me hubiera dicho,
	respondiera de otra suerte;
	pero a vos basta deciros
	que esos preceptos se entienden
	con todos y no conmigo.
Lisias	¡Qué prudencia!
Licas	¡Qué cordura!
Libia	¡Qué severidad!
Astrea	¡Qué brío!

(Vanse, y quedan Friso y Licas.)

Licas	¡Que hayas, Friso, procurado

el ser hoy del rey mal visto!

Friso   No es el rey, porque hasta agora
reina Semíramis.

Licas   Digo
que en todo mi opuesto eres.

Friso   Si tú no lo fueras mío,
no lo fuera yo; demás
de que si hacerme he querido
mal visto de Ninias, tú
de Semíramis.

Licas   Yo sigo
la parte de la justicia,
que Ninias es del rey hijo.

Friso   Pues yo la de la Fortuna,
que Semíramis ha sido
quien se ha sabido hacer reina.

Licas   Pues vamos por dos caminos,
tú verás en el fin de ellos...

Friso   ¿Qué?

Licas   Que es mejor el mío.
pues que lleva la razón
de su parte.

Friso   Ése es delirio.
Ten tú razón, yo fortuna,
y verás que no te envidio.

Fin de la primera jornada

Jornada segunda

(Suenan chirimías y atabalillos y sale en lo alto del teatro Licas con un estandarte, y por lo bajo salen Friso, Flavio y gente.)

Licas   Oíd, oíd, oíd, vasallos.
Ninias vive, Ninias reina.
Decid todos ¡viva!

Todos   ¡Viva
siglos y edades eternas!

(Enarbola el estandarte, vuelven a tocar, y vase Licas y el acompañamiento, y quédanse Friso y Flavio.)

Friso   Viva porque muera yo.

Flavio   Señor, pues ¿de esta manera,
en día tan celebrado
de la plebe y la nobleza,
tú solo al concurso faltas
y de la jura te ausentas?

Friso   Sí, Flavio; que aquestas voces,
que ufanas y lisonjeras
publican que Ninias viva,
publican que Friso muera;
porque siendo para todos
de alegría, gusto y fiesta,
son para mí solamente
de pena, llanto y tristeza.

Flavio   Pues ¿qué novedad, señor,
hay para que tú lo sientas?

Friso

Si no sabes, escucha
lo que ha pasado en tu ausencia.
Vino a Babilonia Ninias,
y ganando su belleza
un común afecto en todos,
o fuese natural deuda,
o heredero vasallaje,
o confusa o novelera
ceremonia de la plebe,
que ésa es la opinión más cierta,
su nombre vio repetido
y aclamado de las lenguas
del vulgo, cuyos acentos
llegaron a las orejas
de Semíramis, que, airada
de ver que reinando ella
tan victoriosa aplaudiesen
ni aun a su hijo en su ofensa,
y más, día en que acababa
de darles la más sangrienta
victoria que vio el Eufrates
sobre sus, ondas soberbias,
por vengarse así de todos,
irritada de la queja,
ofendida del agravio,
y de la cólera ciega,
del gobierno desistió,
diciendo a voces que ella
el cetro y laurel dejaba
en su hijo. ¡Oh, cuánto yerra
quien grandes resoluciones
toma aprisa! Pues es fuerza
que quien presto se resuelve,

presto también se arrepienta.
Yo, pues, juzgando que aquello
más efecto no tuviera
que una cosa dicha acaso,
con cólera y sin prudencia,
quise llevar adelante
las empezadas finezas
de su servicio, creyendo
que su ambición y soberbia
no había de querer jamás
darse la partido, y que puesta
en castigar el motín,
se había de salir resuelta
con todo, quedando yo
en su gracia, viendo que era
el que solo no había dado
a su hijo la obediencia.
Entrambos discursos, Flavio,
me salieron mal, porque ella
llevar también adelante
quiso el rencor, de manera
que, de la última cuadra
de aquesa fábrica inmensa,
para estancia suya, hizo
clavar ventanas y puertas,
guardando desde aquel día
una viudez tan severa,
que el Sol apenas la ve,
y si el Sol la ve, es a penas.
De todas las damas suyas
una sola sale y entra
a servirla, sin que otra
ninguna el rostro la vea;
tanto, que, entrando su hijo

a rendirla la obediencia,
le habló, cubierta la cara
de un negro cendal; y en muestra
de que gustaba que él
gobernase, la diadema
y el cetro de oro, que fue
de Nino su esposo herencia,
le dio, y para coronarse
con tantas públicas muestras
como hoy hace Babilonia,
su permisión y licencia.
Si la habrá pesado ya,
no sé; pero bien se deja
conocer cuánto burlada
halla un hombre su soberbia
el día que, por vengarse
de otro, en sí mismo se venga.
Yo, pues, que por ella estaba
declarado, y que con guerras
civiles pensaba ver
a Babilonia revuelta,
no besé a Ninias la mano,
o se la besé por fuerza.
Cuando vino a Babilonia,
informado de mi queja,
se mostró airado conmigo;
de suerte que a verse llega
hoy tan neutral mi fortuna,
que, por servir a la reina,
no serví al rey, siendo así
que a la que obligué se ausenta
y al que ofendí se corona;
y siendo de esta manera,
hoy que la nobleza y plebe

le jura y su mano besa,
y que mi hermano levanta,
del mauseolo a las puertas,
el estandarte por él,
yo huyo de su presencia;
porque esas festivas voces
son de mi fortuna exequias,
cuando repetidas dicen
en tantas confusas lenguas...

Voces (Dentro.)   ¡Viva Ninias!

(Suenan chirimías dentro.)

Todos (Dentro.)   ¡Ninia viva
siglos y edades eternas!

Flavio   Ya todas las ceremonias
se acabaron.

Friso   Bien lo muestra
el grande acompañamiento
con que da a palacio vuelta.

Flavio   Señor, si de aconsejarte
merezco alguna licencia,
no te extrañes con el rey.
Llega con todos, y deja
que obre su enojo; no tú
te anticipes. Considera
que quizá el verte tan fino
antes de ahora con la reina
le obligará a que presuma
que con él lo serás.

Friso   Esa
                    razón en un pecho, Flavio,
                    de sustancia y de prudencia
                    militada es, pero no
                    en el suyo; porque piensa
                    que, afeminado, de todo
                    se recata y se recela.
                    Pero tu consejo es bien
                    seguir; y puesto que llega
                    con tanto acompañamiento,
                    en él quiero que me vea
                    entre todos.

(Sale todo el acompañamiento, Lisias, Licas y Ninias, y vuelve la música.)

Todos   ¡Ninias viva
                    siglos y edades eternas!

Ninias   Vasallos, deudos y amigos,
                    leal plebe, ilustre nobleza,
                    a cuyos grandes aplausos,
                    a cuyas raras finezas
                    siempre agradecida el alma
                    vivirá ufana y atenta.
                    Ya que Semíramis quiso,
                    mi señora y vuestra reina,
                    que yo os gobierne y que ciña
                    el laurel, por su obediencia
                    aún más que por mi deseo,
                    a todos hacer quisiera
                    merced y pagar a todos,
                    reconociendo la deuda
                    en que os estoy; y así, en tanto

60

que la ocasión se me ofrezca
de honraros a todos, quiero
empezar a que se vea
en mis mercedes el gusto
que he de tener en hacerlas.
Una palabra que di
hoy ha de ser la primera
que cumpla; que a mi palabra
acudir antes es fuerza.
A Lidoro desatad
de aquella injusta cadena
en que está, y decid que al punto
venga libre a mi presencia.

Lisias　　　　　Señor, que con él piadoso
andes, en noble clemencia;
mas no le des libertad
absolutamente. Piensa
que es poderoso contrario,
y que antes que la tenga
es justo asentar con él
que te ha de dar la obediencia
y feudo que dio a tu padre.

Ninias　　　　　Tú, Lisias, me aconsejas
siempre lo mejor, y yo
seguir lo mejor quisiera;
y así, por ese consejo,
por tus canas y experiencia,
juez mayor te hago de Siria
y gobernador en ella.

Lisias　　　　　Los pies te beso por tantas
honras y mercedes.

Ninias   Deja
                 vanos agradecimientos;
                 más le debo a tu prudencia,
                 en el mar de mi fortuna,
                 piloto has de ser de aquesta
                 nave, pues será contigo
                 serenidad la tormenta.
                 Licas.

Licas   Señor.

Ninias   General
                 eres ya de mar y tierra.

Licas   Tus invictas plantas beso
                 por tantas, por tan inmensas
                 mercedes; pero, señor,
                 de no aceptarlas licencia
                 me has de dar.

Ninias   ¿No es ser ingrato?

Licas   No, gran señor, como adviertas
                 que del mar es general
                 Friso mi hermano, y no fuera
                 justo que aceptara cargo
                 que has de quitarle a él por fuerza.

Ninias   A Friso le hará merced
                 Semíramis, y con ella
                 no habrá menester más cargos
                 quien tiene los de la reina.

Friso	Señor, verme a mí tan fino con su majestad debiera advertirte que lo soy con quien sirvo, y la experiencia más es mérito que culpa.
Ninias	Está bien. El cargo acepta, que no es bien por complacer a Friso, que a mí me ofendas.
Licas	Yo le acepto, gran señor, porque mi hermano le tenga teniéndolo yo, pues solo depósito es mientras cesa tu enojo.
Friso (Aparte.)	(¡Qué presto, cielos, de mí su rigor se venga!)
Soldado	Señor, yo soy el soldado que, al advertir tu presencia, el primero te aclamó rey, y a quien le debes esta majestad, que eterna goces.
Ninias	Medio talento en las rentas y tributos de Ascalón, que por la muerte violenta de Menón se confiscaron, quiero que de sueldo tengas.
Soldado	Beso tus plantas.
Friso	A mí

de ellos Semíramis bella
merced me hizo.

Ninias   A este soldado
la hago yo, y es acción cuerda
premiar yo a quien me sirve
si a quien tú sirves te premia.

Lisias   Señor, a hombre sedicioso,
aunque en tu favor lo sea,
no le honres; que es hacer
al delito consecuencia.

Ninias   Advirtiéraismelo antes,
que esta merced ya está hecha.

Lisias   Con todo, de reformarla
me has de dar, señor, licencia.

(Salen Lidoro y Chato.)

Lidoro   Vivas, ¡oh Príncipe, augusto!,
en la verde primavera
de tu juventud lozada,
sin que el invierno se atreva
de los años a borrar
la flor más inútil de ella,
la edad del Sol, ese hermoso
lucero que, en blanda hoguera,
fénix del cielo, renace
entre sus cenizas mesmas.

Ninias   Alza, Lidoro, del suelo.
Levanta, a mis brazos llega;

64

que quiero desagraviar
de mi madre las ofensas
con mis favores.

Lidoro   Bastantes
son los de tu gran clemencia
para que ya la pasada
fortuna al cielo agradezca.

Ninias   La libertad te ofrecí;
pero antes que la tengas,
tengo que tratar contigo;
y así, de no hacer ausencia
sin mi gusto, la palabra
me has de dar, aunque te veas
libre de aquella prisión.

Lidoro   ¿Qué importa estarlo de aquélla,
si con más seguridades
me prendes, señor, en ésta?
No la cadena le quita
al noble quien la cadena
le quita; antes se la pone
más fuerte, pues cosa es cierta
que la de la obligación
ni se lima ni se mella.

Ninias   De paso ayer me dijiste
que el pretexto de la guerra
que a Semíramis hacías,
por mí y por mi padre era,
y quiero tener mejor
entendida esa materia.

Lidoro	Yo, señor, te la diré.
Ninias	No ha de ser, Lidoro, en esta ocasión; con más espacio y menos gente saberla quiero. Mañana os dará Lisias, Lidoro, audiencia; y agora, porque acusarme la murmuración no pueda de que un breve instante tuve la corona en mi cabeza, sin que como cosa mía a mi madre se la ofrezca, a su cuarto pasar quiero; que cuando ella no consienta que la vea, habré cumplido con llegar hasta sus puertas.
Chato	Licencia estas luengas canas, por ser canas y ser luengas, para hablarte una palabra antes que te ausentes, tengan.
Ninias	Di, ¿qué quieres? Ya te escucho.
Chato	Señor, tu madre y mi reina me mandó que con Lidoro tuviese muy grande cuenta, porque el día que faltase de la trailla o cadena, me había de poner a mí por viejo perrazo de ella. Tú me mandas que le suelte, y así un recibo quisiera

tener tuyo.

Ninias   Pues si yo
                te lo mando, ¿qué recelas?

Chato   Que se le antoje reinar
                otra vez, que todo es que a ella
                sin razón o con razón
                se la ponga en la cabeza,
                y me diga: «Dacá el preso».
                Si agora tú me le llevas,
                no se le podré dacar,
                con que del Tazón la pena,
                que es la del tanto por tanto,
                no dudo que me eche a cuestas
                y me mande atar a mí.

Ninias   ¡Qué simplicidad tan necia!

Chato   Señor, el viejo más simple
                es compuesto de experiencias.
                Mejor que tú la conozco;
                pues tú puedes conocerla
                como a quien parió, mas yo
                como si yo la pariera.
                Mandamiento de soltura
                quiero.

Ninias   El mandamiento sea
                que te hagan una libranza
                de cien escudos de renta.

Chato   Mil siglos estés de un lado
                en la gloria sempiterna;

y hasta entonces, oh famoso
monarca! vivas dos suegras,
una sobre otra, que es
inmortal supervivencia.
Señor Lisias, ¿quién hace
estas libranzas de rentas?

Lisias   Acudid a los oficios.

(Vase Lisias.)

Chato   ¿Sabéis vos adónde sean,
señor Lidoro?

Lidoro   ¿De qué
queréis vos que yo lo sepa?

Chato   ¿Sabéis vos hacer libranzas,
señor Frisón?

Friso   Quita, bestia.

Chato   ¿Y vos, señor Licas?

Licas   Loco,
aparta.

Chato   ¿Hay cosa como ésta?
Mas, ¿qué me admiro, si son
las mercedes palaciegas
jubileo, y no se ganan
sin hacer las diligencias?

Licas   Ya, Friso, que los dos solos

hemos quedado, tus penas
hoy con mis felicidades
alivio y reparo tengan,
bien así como dos plantas,
que los naturales cuentan
que son cada una un veneno,
y estando juntas se templan
de suerte que son entonces
la medicina más cierta.
Si tú estás triste, yo alegre;
si de pérdida estás, piensa
que estoy de ganancia yo.
Partamos la diferencia
entre los dos, porque así
tristeza ni alegría puedan
descomponernos, mezclando
mi alegría y tu tristeza.
Tu cargo me han dado; nunca
más tuyo ha sido, pues...

Friso   Deja
de consolarme; porque es
decir, quien a otro consuela,
que siente; y yo en esta parte
no hay sentimiento que tenga.
Ni que tú seas dichoso,
ni que desdichado sea
yo, podrán hacer jamás
que, postrada mi soberbia,
ni con el semblante diga
que eso estime ni esto sienta.
Hijo de la guerra soy,
y sabrá darme la guerra
ocasiones en que Ninias

conozca que esta sangrienta
cuchilla es rayo tan fuerte,
que ningún laurel respeta,
y podrá ser que amenace
tal vez el de su cabeza.

Licas   Calla, calla. No pronuncies,
Friso, razón tan ajena
a tu obligación, tu sangre,
tu valor y tu nobleza.
Ninias es Rey natural
de Siria, y a su obediencia
has de estar más fino cuanto
más quejoso.

Friso   Eso se cuenta
de muchas maneras, Licas.

Licas   La pasión, Friso, te ciega;
y no quiero que te arrojes,
irritada la paciencia
con la oposición, a que
a decirlo otra vez vuelvas.
Tu hermano soy y tu amigo.
Alma, honor, vida y hacienda,
todo es tuyo; mientras yo
felice soy, no te tengas
por infelice, pues tú
aún más que yo en mí gobiernas.
Esto ha de entenderse en cuanto
como quien naces procedas;
que si tropiezan tus pies
donde desbarre tu lengua,
ni tu hermano ni tu amígo

seré; porque considera
que también es esta espada
rayo que nada reserva,
y podrá ser que se manche
tal vez en tu sangre mesma.

(Vase Licas.)

Friso   Quien no teme a la Fortuna
sus iras, ¿quieres que tema
tus amenazas? Pues yo,
aunque ruinas me prevengas,
he de buscar ocasiones
en que toda Siria vea
que sé vengar mis agravios
y sé sentir mis ofensas.
Batria, ¿rebelada siempre
no está? Pasaréme a ella,
y como ladrón de casa
haré a Babilonia guerra,
que hoy no hay defensa,
pues hoy Semíramis no gobierna.
Por ella y por mí las armas
he de tomar, porque vea
un joven rey que vasallos
como yo no se desprecian.
La fama a voces dirá,
llena de plumas y lenguas,
cuando la pregunte el viento,
quién quitó de la cabeza
el laurel a Ninias.

(Flora se asoma en lo alto.)

Flora   Friso.

Friso   ¿Qué escucho? ¿Tan presto empieza
                                ya la fama a publicarle,
                                que aun no aguarda a que suceda?

Flora   Friso.

Friso   Mi nombre otra vez
                                escuché. ¿Si de mi idea
                                fue ilusión? Nadie se mira.

Flora   Hacia aquesta parte llega.

Friso   De aquel cuarto de las damas
                                una ventana entreabierta
                                está, y de allí me han llamado.
                                Oh tú, quienquiera que seas,
                                ¿qué me mandas?

Flora   ¿Estáis solo?

Friso   Sí, que nadie hay que hacer
                                quiera compañía a un desvalido.

(Échale un papel.)

Flora   Pues tomad, y la respuesta sea
                                hacer lo que se os manda,
                                sin que ninguno lo entienda;
                                que os va el honor y la vida.

(Vase Flora.)

72

Friso   ¿Quién vio enigma como ésta?
             Una mano solamente
             vi, que rompió de la reja
             la clausura para darme
             este papel. Cúyo sea
             no sé, porque es en amor
             tan desdichada mi estrella
             como en las demás fortunas;
             o si no, dígalo Astrea,
             a quien, tan aborrecido,
             he adorado. Fácil nema,
             a quien dio tantos secretos
             nuestra confianza necia,
             pues se fía de unas guardas
             tan fáciles de romperlas,
             di, ¿cúyo eres? No trae firma,
             y dice de esta manera:

(Lee.)   «Una mujer afligida,
             que poco a su estrella debe,
             de vos a fiar se atreve
             fama, ser, honor y vida.
                Y pues se fía de vos,
             venid a verla; que abierta
             del jardín tendréis la puerta
             esta noche. Guárdeos Dios.»

                ¿Qué he de hacer en el empeño
             de una confusión tan nueva?
             Mas ¿qué pregunto? La duda,
             ¿no es de mi valor ofensa?
             ¿Cómo me puedo excusar
             de la obligación y deuda
             en que una mujer me pone,

diciendo que a mi nobleza
ser, honor y vida fía?
Y así, esta noche iré a verla;
que, aunque no sepa quién es,
que es mujer basta que sepa,
y que se ampara de mí,
para que arriesgue por ella
también ser, honor y vida,
ya que la Naturaleza
les dio tales privilegios
sobre las acciones nuestras;
que aun primero que al amarlas,
nos obliga a obedecerlas.

(Vase Friso. Salen por una parte Libia y Astrea y por otra Ninias, solo.)

Astrea   Ya que la reina, ¡ay de mí!,
                                dejarse ver no ha querido
                                del rey, y que él despedido
                                vuelve a pasar por aquí,
                                    aquí, Libia, has de quedarte,
                                mientras yo a su majestad
                                llego a hablar.

Libia   De mi amistad
                                sabes que puedes fiarte.

Astrea   Avisa si alguien viniere;
                                que no quiero que me vea
                                nadie con él.

Ninias   Bella Astrea.

Astrea   Más felicidad no espere

74

| | quien ha merecido aquí
llegar tu mano a besar. |

Ninias   Libia escucha. ¿Podré hablar
            delante de Libia?

Astrea   Sí.

Ninias   Pues antes, divina Astrea,
            que yo entrase aquí, sabía
            que Semíramis no había
            de permitir que la vea;
               pero quise con aquella
            ocasión entrar aquí
            por verte, mi bien, a ti,
            más que por hablarla a ella.
               Pero ¿qué es esto? En el día
            que a ser más dichoso empieza,
            ¿son muestras de tu tristeza
            parabién de mi alegría?
               ¿Tú lágrimas al mirar
            mis felicidades?

Astrea   Sí;
            que haber lágrimas oí
            de placer y de pesar;
               y en mí lo he llegado a ver
            todo, pues cuando te adoro
            como rey y amante, lloro
            de pesar y de placer.
               De placer, señor, por verte
            dueño del mayor trofeo;
            de pesar, porque me veo
            indigna de merecerte.

Y así, entre gustos y enojos,
doy a lisonjas y agravios
el parabién con los labios
y el pésame con los ojos.

Ninias   ¿Pudiste nunca ignorar
que era príncipe heredero
de Siria?

Astrea   No, y a eso quiero
que responda un ejemplar.
Ninguno ignora, señor,
que su amigo o que su hermano
es mortal: aquesto es llano;
pero ninguno el rigor
de serlo llega a sentir
tan anticipadamente,
que dé a entender que lo siente,
hasta que le ve morir;
porque, en fin, hasta aquel día
no le pierde. Así, aunque no
ignoré, gran señor, yo
que mi Rey eras, no hacía
tan anticipado acuerdo
como el que ahora haciendo estoy;
que si hoy llega el caso, hoy
es el día que te pierdo.

Ninias   Aunque es verdad que en la calma
del morir se ve perdida
la acción de aquello que es vida,
no el ser de aquello que es alma.
Alma en mí ha sido mi amor.
Luego no la habrá mudado

el haberse hoy elevado
a esfera más superior.
   Y así, pues hoy llego a verme
tan rendido, no llegó
de llorarme el día, pues no
llegó el día de perderme.
   No llores, mi bien, mi cielo.
Mira qué pesar me das.

Astrea   ¡Qué tarde, señor, podrás
mejorar mi desconsuelo,
   no siendo tan necia yo,
que no conozca, ¡ay de mí!
que este día te perdí!

Ninias   ¿Por qué, Astrea?

Astrea   Porque no
   pueden dos desigualdades
tales tener proporción.

Ninias   Amor es dios, y no son
distintas dificultades
   la de una ilustre vasalla
y de un rey enamorado.
Y cree de mi cuidado
que, si cobarde se halla
   en declararse, es porque
no airada mi voluntad
novedad a novedad;
yo, mi bien, me casaré.
   Déjame entablar primero
en el reino; que no ignoro
de la fe con que te adoro,

la verdad con que te quiero,
  Astrea; y cuán tuyo soy,
sepa después tu amoroso
pecho, pues de ser tu esposo
mano y palabra te doy.

Astrea
    Y yo a tus plantas rendida,
por amor y por respeto,
una y mil veces la aceto
con el alma y con la vida.

(Arrodillase Astrea y él la alza.)

Ninias
     ¿Qué haces?

Astrea
       Este lugar tienen
por centro las glorias mías.

Libia
    Licas, señor, y Lisias
entrando a esta sala vienen.

Astrea
    Pues que yo me ausente es bien,
por desvelar su sospecha.

Ninias
    Vete, que yo la deshecha
haré con Libia también,
  dando a entender que ella fue
con quien hablaba yo aquí.

(Vase Astrea.)

Libia
    Pues ¿no basta que de mí
te sirvas, señor, en que
  te avise, sino querer

que padezca agora yo
malicias de lo que no
he llegado a merecer?

Ninias   Esto importa, y no te has de ir.

Libia   Suéltame, señor, la mano.
Advierte...

Ninias   Porfías en vano.

(Salen Licas y Lisias.)

Licas (Aparte.)   (¿Esto es mirar o morir?)

Lisias   Señor.

Licas (Aparte.)   (¡Qué extraños recelos!)

Ninias   ¿Qué queréis?

Lisias   Licas y yo
venimos...

Licas (Aparte.)   (¿Quién jamás vio
tan cara a cara sus celos?)

Lisias   ...buscándote, porque ha habido
una grande novedad.

Ninias   El ingenio y la beldad
de Libia aquí divertido
   me tenía ahora en contarme
la tristeza con que está

Semíramis, tal que ya
aun a mí no quiere hablarme.
    Decidme vos, ¿cuál ha sido
esa novedad?

Lisias   Señor,
Licas la dirá mejor,
que es quien la carta ha tenido.

Licas   De Lidia un propio ha llegado,
e Irán, señor, me previene,
de Lidoro hijo, que viene
con grande ejército armado
    a ponerle en libertad,
cuya multitud extraña
la más desierta campaña
vuelve poblada ciudad.

Ninias   ¿Qué haremos para que haya
medio en tan grandes extremos?
¿No será bien que le demos
libertad, y que se vaya?

Lisias   En ningún tiempo, señor,
te importa tenerle preso
más que agora. A tanto exceso
la seguridad mayor
    la vida suya ha de ser.

Ninias   Dices bien, mas yo quisiera
que guerra en Siria no hubiera.

Lisias   Pues no lo des a entender;
    que aunque el natural temor

en todos obra igualmente,
no mostrarle es ser valiente,
y esto es lo que hace el valor.

Ninias   Venid conmigo los dos;
que los dos habéis de ser
los que habéis de disponer
el suceso. Libia, adiós.

(Vanse Ninias y Lisias.)

Licas   Aunque el rey me espere, hablar
tengo; que celos que nacen
bastardos hijos del mar,
son tan vanos que se hacen
en cualquier parte lugar.

Libia   Pues antes que me hables, deja
que responda a la intención
con que tu labio se queja,
porque la satisfacción
salga al camino a la queja.

Licas   ¿Qué satisfacción, si ha sido
la queja de calidad
tal, que no la ha permitido?
Supuesto que divertido
de tu ingenio y tu beldad
  el rey estaba, y yo vi
que tu hermosa mano aquí
fue tiranamente aleve,
para él áspid de nieve
y de fuego para mí.

Libia	La razón de tus enojos no te la puedo negar; mas los celos traen anteojos de aumento con que engañar a la ambición de los ojos.
Licas	¿Puede ser que engaño sea lo que vi?
Libia	¿No puede ser?
Licas	No, ni que yo te lo crea.
Libia	Pues si no lo has de creer, no te diré...
Licas	¿Qué?
Libia	...que Astrea es a la que el Rey amó, que hablaba con él aquí; que como a su padre vio venir, se retiró, y yo deshecha de su amor fui. Viendo, pues, que tú venías también, señor, con Lisias, quise irme; pero en vano, porque fue del rey la mano rémora a las plantas mías. Ésta es la verdad; si en nada satisface mi beldad, eso mismo te persuada...
Licas	¿A qué, Libia?

Libia	...a que es verdad, supuesto que es desdichada.
Licas	Libia, ni verdad la creo, ni desdichada la dudo; mas solo saber deseo si lo que escuché, ser pudo más cierto que lo que veo. Aquello vi, esto escuché: luego licencia tendré de apelar a la experiencia.
Libia	Yo te doy esa licencia.
Licas	No, no, yo la tomaré. Lince ya de mis pasiones, las palabras, las acciones del Rey es bien que yo vea, y en sabiendo que es Astrea dueño de sus atenciones, cesará aquesta vioencia. A ellos es razón que acuda; que una celosa violencia tarde de costumbres muda, y sufrirá la evidencia.
Libia	Yo me holgaré de que sea crisol el amor de Astrea, que examine esta verdad.
Licas	¡Con cuánta facilidad hará que yo se lo crea!

Libia	¿Por qué?
Licas	Porque estriba en ella

                   mi vida; porque se halla
                   mi felicidad en vella;
                   y porque voy a buscalla
                   con ánimo de creerla.

(Vanse. Salen Flora y Friso.)

Flora   Pisa con silencio.

Friso   Apenas

                   darán, entre sombras tantas,
                   mudas serías de mis plantas
                   las flores ni las arenas
                     de aquellos jardines; pues
                   bandos distantes se han hecho,
                   todo el valor en el pecho,
                   todo el temor en los pies.

Flora   No me pierdas, ven tras mí.

Friso   Desde que al jardín llegué,

                   desde que en su esfera entré,
                   y desde que te seguí,
                     grande espacio hemos andado,
                   y no sufre el corazón
                   padecer la dilación
                   de tan penoso cuidado
                     un instante más; porque
                   ya es un siglo cada instante.
                   No, pues, dos veces amante
                   quieras, señora, que esté.

	Dime si eres quien mandó
	que a verte viniese aquí,
	y el papel me arrojó.

Flora   Sí.

Friso   ¿Y eres quién me llama?

Flora   No.

Friso   Pues no me dilates más
                             el declararme quién fue.

Flora   Quédate aquí solo; que
                             presto, Friso, lo verás.

(Vase Flora.)

Friso   Confusa, pálida sombra,
                             del pasmo, el susto, el pavor,
                             madre infeliz, cuyo horror
                             atemoriza y asombra,
                                 dime, ¿dónde me ha traído
                             mi loca temeridad?
                             Y a tu atezada deidad,
                             diosa del sueño y olvido,
                                 un templo fabricaré,
                             de triste ciprés compuesto
                             de negro jaspe funesto,
                             el altar, y en él pondré
                                 de negro azabache una
                             imagen tuya, tan bella,
                             que trémulamente de ella
                             sea lámpara la Luna,

en cuyas aras presumo
que arda, por más pompa y fausto,
sin llamas el holocausto,
por no dejar de hacer humo.
     Dime, pues, dándome indicio
de que piadosa te ofreces,
y de que el voto agradeces,
mientras llega el sacrificio,
          ¿dónde estoy? ¿Quién me llamó?
¿Y quién esta mujer fue?

(Sale Semíramis vestida de luto, con un velo en el rostro, y trae una luz.)

Semíramis   Yo, Friso, te lo diré.

Friso   Pues decidme, ¿quién fue?

Semíramis   Yo.

Friso   Ya es otra la duda mía,
viendo que en aqueste punto
a la noche lo pregunto
y me lo responde el día.
          ¿Vos sois la que me llamáis?

Semíramis   Yo os escribí aquel papel.

Friso   Pues ¿cómo decís en él
que honor, vida y ser fiáis,
          señora, de mi valor,
como mujer afligida?

Semíramis   Porque mi honor, ser y vida,
ni es ser, ni vida, ni honor,

y de vos fiarlo intento,
porque sé que me servís
solo vos.

Friso   Bien lo advertís.
¿Qué mandáis?

Semíramis   Estadme atento.
Yo... mas primero que aquí
mi pecho os descubra osado,
dedidme vos si restado
tendréis valor para...

Friso   Sí.

Semíramis   Pues ¿cómo de aqueste modo,
antes de oír para qué,
me respondéis?

Friso   Porque sé
que le tengo para todo.

Semíramis   ¿Y daisme palabra hoy?

Friso   Sí, señora.

Semíramis   ¿Antes de oír
de qué?

Friso   Sí, que esto es decir
que para todo os la doy.
Y porque confuso lucho,
cuanto imaginéis ofrezco
hacer; y si oírlo merezco,

decid.

| Semíramis | Escuchad. |

| Friso | Ya escucho. |

Semíramis
Yo, de Nino mujer, y de él viuda,
reino en Siria.

| Friso | Mi pecho no lo duda. |

Semíramis
Corrió voz que alevosa
muerte le di.

| Friso | La envidia es maliciosa. |

Semíramis
Con esta acción Lidoro
a Babilonia vino.

| Friso | No lo ignoro. |

Semíramis
Díjome que cruel tiranizaba
a mi hijo el laurel.

| Friso | Presente estaba. |

Semíramis
Por él envié al instante.

Friso
Sé que vino también; pasa adelante.

Semíramis
Vencí a Lidoro en singular batalla.

Friso
Tu peine lo dirá, no hay que acordalla.

Semíramis	Volviendo vitoriosa, hallé...
Friso	Nobleza y plebe sospechosa.
Semíramis	De Ninias esparcido el nombre al viento...
Friso	Aun agora parece que lo siento.
Semíramis	Del aplauso ofendida...
Friso	Ya lo sé, que el dolor nunca se olvida. Hasta aquí sé de tus desdichas graves.
Semíramis	Pues oye desde aquí lo que no sabes. Si al corazón que late en este pecho todo el orbe cabal le vino estrecho, ¿qué le vendrá un retrete tan esquivo que tumba es breve a mi cadáver vivo? Yo, Friso, arrepentida de verme, tan a costa de mi vida, en mí misma vengada, vivo, si esto es vivir, desesperada. Esta quietud me ofende, matarme aquesta soledad pretende, angústiame esta sombra, este pavor me asombra, esta calma me asusta, esta paz me disgusta, y este silencio, en fin, tanto me oprime que a un fatal precipicio me comprime. Yo, pues, no quepo en mí, y con nuevo cisma solicito explayarme de mí misma; si con fiera arrogancia

me declaro, es faltar a la constancia
que prometí, del reino haciendo ausencia,
y es poner el laurel en contingencia
cuando con señas de mi esfuerzo viles
agora mueva yo guerras civiles.
Y así, Friso, procuro
en la industria hallar medio más seguro;
pero antes que la industria te declare,
dile a tu admiración que no se pare;
que volando en ajenas alas venga,
cuando las suyas desplumadas tenga;
porque es preciso hallar en esta parte
juntos el hablar yo y el admirarte.
Ninias es mi retrato;
pues con sus mismas señas robar trato
la majestad; que, sin piedad alguna
ladrona me he de hacer de mi fortuna.
A este efecto ya tengo prevenidos
adornos a los suyos parecidos,
porque aun las circunstancias más pequeñas
no puedan desmentirnos en las señas.
A este efecto, en aqueste vil retiro,
donde un suspiro alcanza otro suspiro,
del femenil adorno haciendo ultraje,
me he ensayado en el traje
varonil, porque en nada
me halle la novedad embarazada.
Este luto funesto
pudiera asegurártelo bien presto,
pues hipócrita es, que triste encubre
la vanidad que de modestias cubre.
A este efecto también me he retirado
con tanta autoridad, tanto cuidado,
por tener hecha ya la consecuencia

de que ninguno llegue a mi presencia.
La industria dije ya; pues oye el modo,
para que de una vez lo sepas todo.
Ya he dicho que ladrona
he de ser de su cetro y su corona.
Para robo tan grave,
el paso me asegura aquesta llave.
No hay en todo palacio
tan retirado espacio
que no registre y más el cuarto suyo;
pues por un caracol secreto, arguyo
que, ya vencido el miedo
con haberío pensado, llegar puedo
del rey al cuarto. Cuando
las sombras de la noche sepultando
su vida estén en el silencio mudo
de su sueño, no dudo
que, tapando su boca
con los fáciles nudos de la toca,
podré ciego traerle
donde el Sol otra vez no llegue a verle,
en su lugar quedando
yo con mentido sexo, gobernando.
Una dificultad hay solamente,
y es que dé voces. Ésta fácilmente
la he de salvar con que un retrete tengo
que para prisión suya le prevengo,
donde, aunque a voces con sus penas luche,
no es posible que nadie las escuche.
Para tan grande empeño
me he de valer de ti, despúes del sueño;
porque sola no fuera
posible que yo a tanto me atreviera;
que aunque es verdad que Licas me ha debido

(Aparte.) más afectos que tú. (Pierdo el sentido
cuando de ellos me acuerdo,
y aun el juicio es poco que no pierdo.)
Viéndote a ti más fino
conmigo en la opresión de mi destino,
de ti quise fiarme,
de ti, Friso, valerme y ampararme.
Mujer soy afligida,
pues muero sin reinar, no tengo vida.
Mi ser era mi reino;
sin ser estoy supuesto que no reino.
Mi honor mí imperio era;
sin él honor no tengo; de manera
que, a tus plantas rendida,
fío de ti mi honor, mi ser, mi vida.

Friso   Si desde el mismo instante
que conocí tu espíritu arrogante
no me ofrecí a servirte,
fue, señora, por no dejar de oírte,
sacando en tan extraño
caso de cada voz un desengaño.
Tuyo soy, tuyo he sido,
de mi elección estoy desvanecido;
y solo te respondo
cuando a quien soy osado correspondo;
que pues la noche ya caduca baja,
empañada en su lóbrega mortaja,
declinando en bostezos y temblores
la primera lección de sus horrores,
hasta el cuarto pasemos
del rey, no porque nada efectuemos,
sino porque veamos
en qué disposición su gente hallamos,

para ir previniendo
el dónde, el cómo y cuándo.

Semíramis   Ya te entiendo,
y la respuesta sea
apagar esta llama. Así se vea
cuánto desalumbradas mis locuras
aborrecen la luz y obran a escuras.
Ven agora conmigo,
que yo te he de ayudar.

Friso   Tus pasos sigo.
(Aparte.)   (Cumplióse mi esperanza;
trujo el cielo a mis manos la venganza.)

Semíramis   Ven, no temas, que cuando no consiga
el intento, me basta que se diga
que lo emprendí. El concepto de mi idea
escándalo de todo el mundo sea.

(Vanse. Salen Lisias y Chato con luz.)

Lisias   ¿Cómo vos estáis aquí
a esta hora?

Chato   Mi oficio es éste.

Lisias   Vuestro oficio ¿allá en la caza
el ejercicio no tiene?

Chato   Concedo.

Lisias   Pues ¿cómo lo es
el entrar en el retrete

del rey a esta hora?

Chato   Escuchadme.
Responderé en forma, y breve.
Alimentar es mi oficio
los perros.

Lisias   Pues bien, ¿qué tiene
que ver eso con entrar
aquí?

Chato   Agora lo veredes.
Mandóme el rey cien escudos;
ninguno escribirme quiere
la libranza; siendo así
que ha sido, señor, aquéste
un puesto que el rey me ha dado,
¿buscarle aquí no conviene,
para darle cuenta de él
siempre que me le pidiere?

Lisias   ¡Qué necedades! Por vida
del rey...

(Sale Licas.)

Licas   ¿Qué rumor es éste?

Lisias   Ese loco, ese villano,
que aquí se ha entrado.

Licas   ¿Qué quieres,
Chato, aquí?

Chato	Lo dicho, dicho; no he de decirlo dos veces; que es contra el arte, y habrá un crítico que lo enmiende.
Licas	Vete de aquí.
Chato	Yo me iré. En palacio, finalmente, toda es gente honrada, pero mi libranza no parece.

(Vase Chato.)

Lisias	¿Qué hace el Rey?
Licas	Medio desnudo, quiso ver unos papeles, y dormido se ha quedado sobre ellos y en el bufete; que ésta es la señal que solo dan de mortales los reyes. Yo, aunque conozco que ya es hora de recogerse, no me atrevo a despertarle, por el gusto con que duerme.
Lisias	Bien has hecho. La cortina le corre hasta que despierte y llame.
Licas	Confuso estoy, Lisias.

Lisias	¿De qué?
Licas	De verle de un ánimo tan cobarde. No sé cómo se lo enmiende. En esto habemos de hablar.
Lisias	Salgámonos del retrete; conferiremos los dos cómo corregirse puede este defecto, que en él ha sido natural siempre.
Licas	Dices bien, porque entre sueños algunas veces se entiende lo que se habla.
Lisias	Él llamará, si despertare.
Licas	¡Qué fuerte pasión es la de los celos! ¿Si el Rey ama a Libia?
Lisias	Tente. Dejémosle reposar. ¡Oh, quiera el cielo que llegue tiempo en que me desengañe de dudas tan inclementes!

(Vanse, y salen Semíramis y Friso.)

Friso	Rumor ninguno se oye en todo el cuarto.

Semíramis	Ya debe de estar recogido.
Friso	No hace; que allí vestido se ofrece, en una silla dormido.
Semíramis	Mucho extraño que le dejen tan solo.
Friso	Pues por si acaso ha sido descuido éste, y no sucede otra vez, logrémosle hoy que sucede.
Semíramis	En un pensamiento estamos.
Friso	Las grandes acciones suelen hacerse acaso mejor que cuando se piensan. ¿Quieres que boca y rostro le tape, porque así ni conocerme pueda, ni pueda dar voces, y a tu cuarto me le lleve?
Semíramis	Sí; toma aqueste cendal, y mientras que tú lo prendes, cerraré esta puerta yo, porque nadie a tiempo llegue que nos estorbe; que luego disculparé fácilmente haberla cerrado, como una vez la acción se acierte.

Friso	Pues a cerrar tú la puerta, y yo, señora, a prenderle.

Semíramis	Fortuna, si a los osados se dice que favoreces, yo lo soy.

Friso	Infeliz joven, tu desdicha te condene a esta prisión de mortal, puesto que eres rey y duermes.

(Semíramis cierra la puerta, Friso entra dentro, suena ruido y cae el bufete.)

Ninias (Dentro.)	¡Ay de mí! ¿Qué es esto?

Friso (Dentro.)	Es un traidor leal, que ofende a su rey con la disculpa de que a su reino obedece.

Ninias (Dentro.)	¡Licas! ¡Lisias!

Semíramis	En vano con él aquí te detienes. Llévale presto a mi cuarto.

(Sale Friso con Ninias en brazos, tapado el rostro y con vestido parecido al de Semíramis.)

Friso	¡Qué mal de mí te defiendes!

Licas (Dentro.)	Pasos y ruidos escucho.

Lisias (Dentro.)	Dentro entremos.
Semíramis	Gente viene.
Lisias (Dentro.)	Cerrada la puerta está.
Licas (Dentro.)	¿Quién hay dentro que la cierre?
Semíramis	Perdí la ocasión mejor, puesto que no puede hacerse tan sin ruido, que allá fuera no lo sientan.
Lisias (Dentro.)	¿Qué pretendes?
Licas (Dentro.)	Abrir la puerta y entrar a ver qué rumor es éste.
Semíramis	¡Ay de mí! ¿Qué puedo hacer? Aunque abran, es fuerza que entren, pues ya la puerta derriban.
Licas (Dentro.)	¿Cómo a mi fuerza rebelde tanto estás, porfiado cedro?
Semíramis	Si me voy, y cuando lleguen no hallan a nadie, es hacer que algo en mi daño sospechen. Si llegan a verme aquí y a Ninias no, inconveniente es mayor. Todo, el valor y el ingenio lo remedie.

(Desnúdase y queda en jubón.)

> Adiós, femenil modestia;
> que de esta vez has de verte
> desnuda de tus adornos,
> aunque en los ajenos quedes.
> Esconderé aquestas ropas;
> depositadas se queden
> debajo de aqueste lecho.

(Esconde los vestidos y salen Licas y Lisias.)

Licas

> A ser el muro más fuerte,
> te rindieras a mis golpes.

Lisias

> Señor, ¿qué rumor es éste?

Semíramis

> Ninguno: al sueño rendido
> estaba, y él, entre leves
> fantasías, me obligó
> a que alterado despierte;
> y así, con aquel furor
> tropecé y cayó el bufete.

Licas

> Luego, ¿aquí ninguno andaba?

Semíramis

> No.

Lisias

> Pues dime: ¿cómo tienes
> por adentro aquesta puerta
> cerrada?

Semíramis

> Como yo, al verme
> con el pavor de aquel sueño,

cerré temerosamente,
propio afecto de un temor,
obrar lo que antes ofrece.

Licas

   ¿Que no pueda hacer contigo
que no digas que le tienes?

Lisias

   Aunque a tu voz dar es fuerza
crédito, a mí me parece
que jurara que había oído
pasos y habla de más gente.

Semíramis

   Yo solo estaba.

(Sale Friso.)

Friso
(Aparte.)

        Ya queda...
(Mas ¡ay de mí!, ¡qué imprudente
volví!)

Licas

   Un hombre allí llegó,
y al vernos la espalda vuelve.

Semíramis

   ¿Hombre aquí? No, no es posible.

Licas

   Ya es fuerza verlo.

Semíramis

       ¿Quién eres?

Friso

   Yo soy, Licas.

Licas

     Pues ¿tú aquí?

Lisias (Aparte.)

   (¡Grave mal!)

Semíramis (Aparte.)   (¡Empeño fuerte!)

Licas (Aparte.)   (¡Traidor hermano!)

Semíramis   Pues Friso,
          ¿vos sois? Matadle, prendedle.

(Semíramis habla aparte a Friso.)

                    (No temas; que hacer agora
                    esta deshecha conviene.)

Licas   Yo sacaré de mi sangre
          el escrúpulo...

Friso   Detente;
          que en sabiendo el rey a qué
          y por dónde entré, me tiene
          que agradecer, no culpar.

Licas   Dilo, pues.

Friso   A él solamente
          he de decirlo.

Semíramis   Apartaos
          todos, porque solo llegue.

(Semíramis habla aparte con Friso.)

                    Friso, ¿dónde queda Ninias?

Friso   Encerrado en el retrete

prevenido para él.

Semíramis	¿Vióle alguien?

Friso
                        Solamente
Flora, de quien te has fiado.
¿Qué ha habido acá?

Semíramis
                             Mil crueles
sospechas; pero ya todas
mi ingenio las desvanece,
porque ya ninguna toca
en lo principal, pues creen
que soy Ninias.

Friso
                             Y di, ¿agora
tengo de dejar prenderme?

Semíramis   No, yo lo remediaré.

Friso   ¿De qué suerte?

Semíramis   De esta suerte.

(Habla alto.)   ¡Oh Friso!, dame tus brazos,
pues hoy la vida me vuelves.

Lisias   ¿Qué es aquello?

Licas   El rey le abraza.

Semíramis   ¿Qué os admira? ¿Qué os suspende?
Todo el enojo con Friso
en agrado se convierte.

Semíramis, que en fin es
madre, y como así me quiere,
me envía con él un aviso,
en que me dice y me advierte
de quién me debo guardar
y de quién fiarme. A este
fin por su cuarto a esta hora
quiso que secretamente
bajase; y así, desde hoy
más atentos y prudentes
vivid todos, porque sé
quién me sirve y quién me ofende.

Licas   Señor, ¿pues quién?

Semíramis   Esto basta
que os digo por ahora, y cesen
sospechas; que aunque con todos
hablo, solo uno me entiende.
Tomad esa luz, entrad
(Aparte.)   a acostarme. (El mundo tiemble
de Semíramis, pues hoy
otra vez a reinar vuelve.)

(Vase Semíramis.)

Licas   ¿Qué le habrá dicho?

Lisias   No sé.

Licas   Mas si la reina le advierte
algo, será de los dos.

Lisias   Temblando quedé de verle

airado.

Licas
        ¡Extraña mudanza!
Friso, ¿qué secreto es este
que al rey has dicho?

Friso
                Bien grande.

Licas
    Pues ¿no podré yo saberle?

Friso
    ¿No basta que sepas, Licas,
que si cual noble procedes,
tendrás hermano y amigo
en mí? Pero si no, atiende
que soy quien soy, y este acero
sabrá a un hermano dar muerte.

Fin de la segunda jornada

105

Jornada tercera

(Salen por un lado Friso y por otro Licas.)

Friso   Bien va sucediendo todo.
            No hay en la corte quien haya
            entrado en malicia alguna
            de entender que Ninias falta.
            No en vano Naturaleza
            dejó una vez de ser varia
            para gran fin; que, en fin, es
            aun en los errores sabia.

Licas   Extrañóse el rey anoche
            conmigo, porque tirana
            Semíramis le avisó
            de no sé qué que no alcanza
            mi discurso, siendo Friso
            tercero de mi desgracia.
            Lo que le dijo no sé,
            porque aun de mí lo recata.
            ¿Qué será?

Friso   ¡Oh Licas!

Licas   ¡Oh Friso!
            Quejoso estoy de que haya
            en ti para mí secreto,
            y más de tanta importancia.
            ¿Qué dijiste al rey anoche
            cuando entraste por la cuadra
            de Semíramis? Que temo
            que, de mí quejosa, traza
            descomponerme con él,

según dijo su mudanza.

Friso   Los secretos de los reyes,
Licas, tienen fuerza tanta,
que el silencio los ignora,
con ser él el que los guarda.
Un secreto me fió
Semíramis que llevara.
Ya se me olvidó cuál era.
Lo más que la confianza
puede permitir que diga,
es decir que una palabra
sola de ti no la dije,
y esto que te digo basta.

Licas   Que se lo digas o no,
poco, Friso, me acobarda,
porque como yo obre bien,
lo demás no importa nada.

Friso   Muchos obran bien, y son
sus fortunas desdichadas.

Licas   La desgracia nunca es culpa.

Friso   Sí, pero siempre es desgracia.

Voces (Dentro.)   ¡Plaza, plaza!

Licas   Ya el rey sale
dando audiencia.

Voces (Dentro.)   ¡Plaza, plaza!

(Salen con memoriales un soldado, Chato, y otros, y luego Semíramis, y detrás Lisias, y llegan hincando la rodilla.)

Semíramis (Aparte.)   (Mil gracias te doy, oh bella
deidad, protectora mía,
al ver cuánto en este día
has mejorado mi estrella.
Una y mil veces por ella
mi vida a tu culto ofrezco;
que pues que por ti merezco
ver que aplauso tan altivo
segunda vez le recibo,
segunda vez le agradezco.
    Los que contra mí siguieron
ayer el bando, son hoy
los mismos de quien estoy
idolatrada. Pues fueron
tales mis dichas, que vieron
estos aplausos, mudar
con industria singular
todos los puestos espero;
que si no hago lo que quiero,
¿de qué me sirve reinar?)

Uno   Señor, un pobre soldado...

Semíramis   El memorial. Esto basta.

Otro   Criado fui, señor, de Nino,
a quien serví edades largas.

Semíramis   Está bien.

Otro   Ante vos pido

justicia de quien me agravia.

Semíramis (Aparte.)   Yo lo haré ver. (¡Cuánto, cielos,
esta vanidad me agrada!
¡Oh, qué gran gusto es mirar
tantas gentes a mis plantas!)

Soldado   Señor, vuestra majestad
me hizo merced que gozara
en tributos de Ascalón
un sueldo por mis hazañas;
Lisias, que está presente,
en el despacho repara.

Semíramis   ¿Por qué, Lisias?

Lisias   Señor.
¿ya no te dije la causa?

Semíramis   Sí; mas no me acuerdo bien,
como acudo a cosas tantas.

Soldado   Yo, señor, la diré. El día
que por Babilonia entrabas,
tu nombre aclamé el primero,
repitiendo en voces altas:
«¡Viva Ninias, nuestro rey!»,
y tomé por ti las armas.
Por eso merced me hiciste.

Lisias   Y yo, que no se la hagas
estorbo a hombre sedicioso,
y que pudo allí ser causa
de perderse toda Siria,

a no haber con tal constancia
tomado tan grande acuerdo,
como vivir retirada
Semíramis.

Semíramis
                    ¿Tú, en fin, fuiste
el primero que me aclama?

Soldado
        Sí, señor, y yo libré
de la injusta, la tirana
sujeción en que tenía
Semíramis nuestra patria.

Semíramis
        ¿Todo esto te debo?

Soldado
                            Y diera
por ti la vida.

Semíramis
                    ¡Qué rara
lealtad! ¡Hola!

Todos
                    ¿Señor?

Soldado (Aparte.)
                            (Hoy
grandes venturas me aguardan.)

Semíramis
        Ese soldado llevad,
y de la almena más alta
le colgad, para escarmiento
de cuantos en Siria hagan
sediciones y alborotos.

Soldado
        Pues ayer, ¿no me premiabas?

Semíramis	Ayer premié, y hoy castigo;
	que si ayer una ignorancia
	hice, hoy no la he de hacer,
	diciendo una acción tan rara,
	que de lo que errare hoy,
	sabré enmendarme mañana.
	Llevadle.
Lisias	Señor, advierte
	que de un extremo a otro pasas.
Semíramis	¿Cómo he de obrar si a ti el premio
	ni el castigo no te agrada?
Lisias	Con el medio.
Semíramis	Nunca fue
	capaz de medio esta instancia.
	O obró mal o bien; si obró
	bien ¿por qué el premio embarazas?
	Y si mal, ¿por qué el castigo?
	Y, en fin, atiende y repara
	que las públicas acciones
	del vulgo debe premiarlas
	o castigarlas el Rey;
	que en solo ellas no hay templanza.
Lisias	No conozco tus discursos.
Semíramis	Neciamente los extrañas;
	que ya no soy el que fui;
	que el reinar da nueva alma.
	Y así, si piensas que soy
	quien piensas, Lisias, te engañas;

porque ya no soy quien piensas,
sino otra deidad más alta.

Lisias   En todo te desconozco.

Friso   Bien claro ha dicho la causa.

Chato (Aparte.)   (Muy bien despachado va;
no le arriendo la ganancia.
A mi libranza me atengo,
merecida por mis canas.)
Y mis canas a barrer
me da, gran señor, tus plantas,
puesto que barre y no besa
quien tiene escoba por barba.

Semíramis   Chato, pues ¿cómo has dejado
de ser de Lidoro guarda?

Chato   ¡Bueno es eso! Si tú mismo
de la cadena le sacas,
¿cómo por él me preguntas?

Semíramis   Dices bien, no me acordaba.
(Aparte.)   (En todo cuanto dejé
yo dispuesto, hallo mudanza.)
¿Qué quieres?

Chato   Que me confirmes
y firmes esta libranza.

Semíramis   ¿Qué libranza es ésta?

Chato   ¿Todo

se te olvida?

Semíramis   ¿Qué te espanta?
Tengo mucho que cuidar.

Chato   Pues yo te traeré mañana
un poco de anacardina.
Y ahora, ésta es la que mandas
que cien escudos de renta
se me sitúen, a causa
del tiempo que como un perro
a la reina serví en tantas
fortunas; pues la serví
siendo monstruo en las montañas,
siendo dama en Ascalón,
siendo en las selvas villana,
siendo en palacio señora,
y reina en Nínive. ¡Ah, cuánta
mala condición sufrí
en todas estas andanzas!

Semíramis   ¿No es mala?

Chato   Mucho.

Semíramis   Ya sé
que esto te ofrecí.

Chato   A Dios gracias.

Semíramis   Pero de aquesta manera
la firmo.

Chato   ¿Por qué la rasgas?

114

Semíramis	Por que estas mercedes son
	de los soldados que hayan
	servido en la guerra, no
	de los juglares que andan
	en los palacios medrando,
	hecho caudal la ignorancia.
	Toma.

(Dale con los papeles.)

Chato	¿Así, cielos, se ofende
	a la nieve de estas canas?
	Para ver estos oprobios,
	caduca vejez cansada,
	¿duraste tanto? Llorad,
	ojos, regando las blancas
	hebras que de lienzo sirven
	en los ojos, de mortaja
	en el pecho. ¡Oh rey lampiño!
	Como no entiendes de barbas,
	no las honras. A mis días
	no llegarás.

Semíramis	Calla, calla,
	villano, y esa malicia
	no se irá sin castigarla.
	Llevadle de aquí, y atadle
	a él, como Lidoro estaba.

Chato	Oigan. Pues ¿qué más hiciera
	Semíramis, si reinara?
	¿Por qué me han de atar?

Semíramis   Por loco.

Chato   Pues si tú mismo me mandas
                        que le suelte...

Semíramis   No hice tal.

Chato   Testigos hay en la sala
                        de que miente vuestra alteza,
                        aunque no me dé libranza.

(Llévanle los soldados.)

Lisias   Todo eres rigores hoy.

Semíramis   No te admires, que aún te falta
                        mucho que ver. Friso, ¿cómo
                        en llegar a hablarme tardas?

Friso   Como ocupado, señor,
                        en los despachos estabas.

Semíramis   Para ti, ¿qué ocupación
                        puede haber?

Friso   ¿Cómo te hallas?

(Semíramis y Friso hablan aparte.)

Semíramis   Muy bien: que en efeto estoy
                        servida y idolatrada
                        de los mismos que quisieron
                        verse sin mí. Solo falta
                        a mis grandezas el gusto

de hacerte merced.

Friso
                              Tus plantas
beso mil veces.

Semíramis
                         ¿Qué quieres?
Pide.

Friso
                    Si de ti llegara
a merecer una dicha,
ella sola fuera paga
de mis deseos.

Semíramis
                         ¿Qué es?
Dilo. ¿De qué te acobardas?

Friso
                 Astrea, hija de Lisias,
es la deidad que idolatra
mi pecho.

Semíramis
                     Ya te he entendido,
y presto verás con cuántas
veras trato con Lisias
que el desposorio se haga,
y a ella misma la diré
que es mi gusto.

Friso
                              Edades largas
vivas.

(Licas y Lisias hablan aparte.)

Licas
                    De aquestos secretos
nacen mis desconfianzas.

| Lisias | Y las mías; que no sé |
| | qué áspid entre los dos anda. |

| Semíramis | ¿Hablaba Licas contigo? |

| Friso | Sí, señora. |

| Semíramis | ¿De qué hablabais? |

| Friso | De temores y recelos, |
| | que el ver tu ceño le causa. |

Semíramis

    Hace muy bien en temer;
que ninguno mi venganza
primero examinará,
supuesto que su ignorancia
jamás entenderme supo.

(Aparte.)

(¡Oh injusta, oh vana, oh tirana
oh tirana pasión! Todavía estás
en lo secreto del alma;
pero yo te venceré
con silencio.)

Licas (Aparte.)

    (Entre sí habla,
mirándome, el rey.)

Semíramis (Aparte.)

    (Memoria,
nada me acuerdes.)

Licas (Aparte.)

    (¡Mal haya
quien quiere vivir atento
al semblante de otra cara,
veleta del corazón,

sujeta a cualquier mudanza!)

Friso   ¿Diviértente otros empeños?

Semíramis (Aparte.)   (De cuanto hoy he visto, nada
                         mayor cuidado me ha dado
                         que ver que Lidoro salga
                         de su prisión. ¿Cómo, cielos,
                         en esto hablaré, sin que haga
                         novedad para informarme?
                         Mas ¿qué me turba ni espanta?
                         Las generales preguntas
                         ni se advierten ni reparan.)
                         Lisias, ¿qué hay de Lidoro?

Lisias   Que como tú, señor, mandas,
                         está en palacio, debajo
                         del homenaje y palabra
                         que te dio.

Semíramis   Ya yo sé eso;
                         lo que pregunto es ¿qué trata?

Lisias   Ha sabido cómo Irán,
                         su hijo, a Babilonia marcha
                         a ponerle en libertad,
                         y al fin para hablarte aguarda
                         la audiencia que le ofreciste.

Semíramis   Pues al instante le llama;
                         que quiero saber qué intenta.

Lisias   Sí haré, mas antes que vaya,
                         una advertencia, señor,

quisiera que me escucharas;
que esta licencia me dan
hoy mi edad y tu crianza.

Semíramis   Di.

Licas (Aparte.)   (¡Que no hable el rey conmigo
ni una tan sola palabra!)

Lisias   Señor, Lidoro está preso,
y en Babilonia que haya
es fuerza algún confidente
que avisos le lleve y traiga.
No sienta flaqueza en ti,
sino con valor le habla,
para que entre temoroso
el ejército que aguarda.

Semíramis   Yo te agradezco el aviso,
y verás, Lisias, con cuánta
diferencia le hablo. Ve
por él.

Lisias   Aquí fuera estaba.

(Vase Lisias.)

Semíramis   ¿Hay cosa como decirme
de Lisias la ignorancia
a mí que muestre valor,
Friso?

Friso   Ignora con quién habla.

Licas (Aparte.)   (Pues por más que el Rey esté
                       conmigo airado, la extraña
                       aprensión de su temor
                       hará que las paces haga,
                       pues necesita de mí
                       en esta guerra que aguarda.)

(Salen Lisias y Lidoro.)

Lidoro   Dame, gran señor, tu mano.

Semíramis   Alza del suelo, levanta.

Lidoro   Ayer, señor, me dijiste
                       que te dijese la causa
                       que me obligó a hacer la guerra;
                       y aunque ésta sola bastaba
                       para venir hoy a hablarte,
                       otra novedad extraña,
                       que ahora he sabido, me trae
                       con más afecto a tus plantas.
                       Que por tu padre y por ti
                       aquella acción intentaba
                       contra Semíramis, dije,
                       y fue porque su tirana
                       condición a un mismo tiempo
                       a ti y tu padre quitaba
                       el imperio.

Semíramis   Espera, espera.
                       No digas más, calla, calla;
                       que ya sé lo que me quieres
                       decir, y es mucha arrogancia,
                       muy sobrado atrevimiento

el decirme cara a cara
indignas malicias que
el vulgo a su honor levanta.
Semíramis es mi reina,
mi señora y madre, y cuantas
sospechas de ella se fingen,
lo mismo a mí que a ella agravian;
porque soy tan hijo yo
de su deidad soberana,
que somos los dos un mismo
compuesto de cuerpo y alma.
Tu ambición te hizo buscar
proposiciones tan falsas.
¡Loco, bárbaro, atrevido,
ahora sí que te trataba
dignamente como a bruto,
y aun era poca venganza!

Lidoro   Señor, yo, si tú...

Semíramis   No más.
A esotro discurso pasa,
y éste a perpetuo silencio
se condene. Di, y repara...

Lidoro   ¿Qué?

Semíramis   ...que habla mal de mí quien
mal de Semíramis habla.
Di.

Lidoro   Deja que cobre aliento;
que airado, señor, espantas,
más que aficionas afable.

Lisias (Aparte.) (Bien el fingimiento entabla
del valor que le advertí.)

(Friso habla aparte a Licas.)

Friso ¡Qué prudencia!

Licas ¡Y qué mudanza!

Lidoro Yo he sabido que mi hijo
hacia Babilonia marcha.
Si me das, señor, licencia
de que al camino le salga,
sus ejércitos haré
que no toquen en la playa
de Siria; que de volver
a tu prisión la palabra
doy, porque solo pretendo
pagarte la confianza
que has hecho de mi valor.

Semíramis Con eso otra vez me agravias.
¡Bueno fuera que dijera,
después, de Ninias la fama
que se valió de tus medios
para que no le llegara
un rapaz a poner sito,
o presentar la batalla!
No solo quiero valerme
de conveniencias y trazas,
pero porque no se diga
que esta libertad que alcanzas
es, por temor, complacerte,

a otra prisión más extraña
te he de reducir; y luego
en esas almenas altas
he de poner tu cabeza,
porque vea la arrogancia
de tu gente que la irrito
y no respeto. Y el alba
mañana apenas saldrá
por troneras de oro y nácar,
cuando en busca suya marche
yo, y cuando tu hijo traiga
animados los peñascos
de Lidia, y en las campañas
errantes ciudades sean
sus tropas y sus escuadras,
verás asustarse todos
a un crujido de mis armas.

Lisias (Aparte.) (¡Qué bien fingido valor!)

Licas (Aparte.) (¡Cielos! ¿Quién en Ninias habla?)

Friso (Aparte.) (¡Qué confusos están todos!)

Lidoro (Aparte.) (¿Cobarde a este joven llaman?
Temblando de verle estoy.)

Semíramis ¿Lisias?

Lisias Señor, ¿qué mandas?

Semíramis Que a Lidoro llevéis preso
a la más escura estancia
de esa torre de palacio.

Lidoro

     Mira, señor, cuánto agravias
tu valor, pues no hay acción
tan indigna, torpe y baja
como dar para quitar.
Libertad me diste.

Semíramis

              En causas
que sobrevienen de nuevo
no hay contrato.

Lidoro

           Pues repara
que si tú prisión me pones,
del homenaje y palabra
libre estoy, pues ya no estoy
preso sobre confianza.

Semíramis

     Es verdad, pero ¿qué importa
si te aseguran las guardas?

(Llévanle a Lidoro.)

Lisias

     Dame mil veces los brazos,
que con la vida y el alma
te agradezco los esfuerzos
con que aquí a Lidoro hablas.

Semíramis

     ¿He disimulado bien
el temor que me acompaña?

Lisias

     Así no fuera fingido.

Semíramis

     No te afliga esa ignorancia;
que tan verdadero es

como lo dirán mañana
los militares estruendos
de trompetas y de cajas.
Ve tú a ver de su prisión
la torre, y a asegurarla;
(Vase Lisias.)   y tú, Friso, a enarbolar
a las puertas del alcázar
mi real estandarte, como
general ya de mis armas.

Friso   Tu mano beso mil veces;
¿mas mi hermano?

Semíramis   ¿Qué reparas,
si por complacerle a él,
soy yo, Friso, a quien agravias?

Friso   Yo acepto el cargo; mas es
mientras tus enojos pasan.

Semíramis   Pues ve a publicar el bando
al punto.

(Friso habla aparte a Licas.)

Friso   No sientas nada
estar de pérdida, Licas,
pues estoy yo de ganancia.

(Vase Friso.)

Licas   Hasta aquí, señor, callé,
sin saber por qué me tratan
tan severos tus rigores;

mas oyendo lo que mandas,
puesta la boca en tu mano,
puesto el bastón a tus plantas,
acosado el sufrimiento,
es fuerza que al labio salga.
    ¿En qué, señor, te ofendí?
El laurel de tu corona,
¿debe a ninguna persona
más tu majestad que a mí?
¿El primer noble no fui,
señor, que hasta coronarte
se declaró de tu parte,
ayudando la razón?
Luego, en tu coronación,
¿no levanté el estandarte?
    ¿Yo tu nombre no aclamé,
no siguiendo ni ayudando
de Semíramis el bando,
cuya lealtad quizá fue
retiro suyo, al ver que
yo su parte no seguía?
¿No me honraste? Pues un día
¿qué desengaños te da?

Semíramis   De esos servicios quizá
                 nace la indignación mía.

Licas   Enigmas son cuanto habláis.

Semíramis   Pues no discurráis en ellas,
                 que es tarde para entendellas;
                 sino idos; que me dais
                 enojo cuanto aquí estáis.

Licas	Ya yo os obedezco; y pues tanta mi desdicha es, que os enoja mi presencia, en albricias de mi ausencia, me dejad besar los pies.
	De soldado os serviré en la guerra que esperáis sin que mi rostro veáis; y si vivo —que sí haré, que soy infeliz—, me iré donde no os dé más recelos.
(Aparte.)	Solo os suplicaré... (¡Cielos!, apure mi confusión si aquestas enigmas son por tener de Libia celos),
	...que ya que me enviáis quejoso, me enviéis siquiera honrado. Quédese lo desdichado con algo de lo dichoso. Libia ha sido el dueño hermoso que he idolatrado rendido; Libia el rayo que ha podido, arpón de fuego, abrasarme; y así, para desposarme con ella, licencia os pido.
Semíramis (Aparte.)	(¡Quién vio más nuevo rigor! ¿Qué es esto que escucho, cielos? No avives, cierzo de celos, cenizas de un muerto amor.)
Licas (Aparte.)	(Sentido lo ha; mi temor. no fue en vano.)

Semíramis	(Ira cruel.
	¿Tengo de ver que fiel
	a otra ame el que mereció
	un afecto mío, aunque no
	mereciese saber de él?)
Licas	Solo este alivio prevengo
	el influjo de mi estrella.
Semíramis	(Equivocaré con ella
	los celos hoy que de él tengo,
	pues de esta manera vengo
	mis sentimientos.)
Licas	Señor,
	¿qué me respondes?
Semíramis	Que error
	es que ese premio esperéis;
	que soy yo a quien ofendéis
	en tener a Libia amor.
	Decir que era vuestra culpa,
	Licas, no haberme entendido,
	amor fue, y celos han sido
	después de oída la disculpa;
	y pues uno y otro os culpa,
	no tratéis de darme enojos,
	si no queréis ser despojos
	de mis iras, mis recelos;
	que hijo soy de quien, por celos,
	le sacó a Menón los ojos.
Licas	(¿Qué es esto, piadosos celos?
	No en vano, ¡ay de mí!, no en vano

discurrí, al oír que no eran
de Semíramis engaños
los que con el rey pudieron
facilitar mis agravios,
que celos de Libia eran.
Mas era argumento claro,
que, pues son envidia, fuesen
de la Fortuna contrarios.)

(Vase. Sale Friso, y quédase al paño, a tiempo que salen por otra parte Astrea
y Libia.)

Friso
      Ya que el bando publiqué,
vuelvo: pero Amor, oigamos,
pues la reina con Astrea
habla, hasta donde mis hados
llegan.

Semíramis
      Friso me ha pedido,
bella Astrea, que tu mano
le conceda, premio digno
con que sus méritos pago.

Astrea
      ¿Cómo tan presto te olvidas,
gran señor, de que te he dado
mi voluntad, alma, y vida?
Pero de nada me espanto,
que no hay cosa mas mudable
que amor con el nuevo estado.

Semíramis (Aparte.)
      (Sin duda, el Príncipe a Astrea,
como juntos se criaron,
la festeja.) Ya advertido
estoy de cuan resignado

tu pecho está a mi obediencia:
y así, con razón aguardo,
que en esto me darás gusto.

Astrea   Otra vez, señor, extraño
este precepto; y así,
no porque te aya mudado
de la corona el ascenso,
de la majestad el fausto,
quieras que viva muriendo,
que es preciso, si me caso
con Friso, un hombre a quien yo
siempre he aborrecido tanto.

Semíramis   Sabiendo que éste es mi gusto,
como podrás excusarlo?
Mas, ¿qué es esto?

(Tocan cajas. Sale Lisias.)

Lisias   Ya, señor,
se descubren de los altos
homenajes de esas torres
los ejércitos formados
de Lidia, que numerosos
vienen compitiendo a rayos
con las estrellas del cielo
y con las flores del campo.

(Abrázale.)

Semíramis   Toma, en albricias, Lisias,
por el gusto que me has dado
con esa nueva, que está

el corazón anhelando,
hidrópico de victorias.
A recibirlos salgamos;
y si Semíramis hizo
paréntesis el tocado
de una victoria, hoy lo sea
la plática que tratando
estamos. Astrea y Libia,
en vendiendo vuelvo a hablaros.
Toca el arma, gima el bronce,
suene el parche, los peñascos
se estremezcan, el Sol tiemble
luz a luz y rayo a rayo.

(Vase Semíramis.)

Lisias   ¿Qué nuevo espíritu ha sido
                          del que Ninias se ha informado?

(Vase Lisias, quedan Astrea y Libia, y por distintos lados salen Friso y Licas.)

Licas (A Libia.)   En decir que el Rey te quiere,
                         di agora que yo te engaño.

Friso (A Astrea.)   Cuanto has respondido al rey
                         escuché, dueño tirano.

Libia   Pues, señor, mi bien, mi dueño,
                         ¿qué culpa tienen mis hados?

Astrea   Yo lo estimo. Así, otra vez
                         me excusas de confesarlo.

Licas   ¿Luego con esta disculpa

	bien de tus ojos me aparto?
Friso	Tú verás la estimación que hago de ese desengaño.
Libia	Yo sabré morir sintiendo.
Licas	Vivir sabré yo olvidando.
Friso	Yo aborreciendo vivir.
Astrea	Y yo padecer amando.
Friso	¿Licas?
Licas	¿Friso?
Friso	¿Amor es esto? A matar muriendo vamos.
Astrea	¿Libia?
Libia	¿Astrea?
Astrea	¿Esto es amor? Vamos a morir llorando.

(Vanse todos. Tocan a marchar, y salen toda la gente que pudiere; después Irán, niño, con bastón de general, y Anteo, viejo, con bastón.)

Irán　　　　　　Babilonia, república eminente,
　　　　　　　que al orbe empinas de zafir la frente,
　　　　　　　siendo iónica y dórica coluna
　　　　　　　del cóncavo palacio de la Luna,

adonde colocados tus pensiles,
al cielo se han llevado los abriles,
y con sus flores bellas
a rayos equivocan las estrellas,
que venga a ser tu invicto rey no dudo;
y así, haciéndote salva, te saludo
como ya corte mía.
¡Salve, pues, oh confusa monarquía,
herencia justa de mi muerta madre,
y injusta cárcel de mi vivo padre!
Que hoy, prevenido a bélicos combates,
sobre el rápido curso del Eufrates,
libertad le he de dar, y desengaños
de que hay mucho valor en pocos años.

Anteo   Señor, esa admirable
ciudad que ves, de gente innumerable
capaz ha sido, o ya propria o ya extraña,
y si dejas cubrirse la campaña
de la gran hueste suya,
es fuerza que tu ejército destruya.
Si por asalto quieres
intentarla, es razón que consideres
cuánto estarán seguros
en la grande eminencia de sus muros;
y así, el mejor acuerdo, el mejor medio,
sitiándola, es tomarla por asedio.
Pues una vez cercados,
el número de gentes y soldados
más presto facilita sus castigos,
pues ellos mismos son sus enemigos,
cuando con tales modos,
sin pelear ninguno, comen todos.

Irán	En todo, ilustre Anteo, tu voto he de seguir. Pero ¿qué veo?
Anteo	Un hombre, desde aquella torre, por una claraboya de ella, escala haciendo, a lo que ya sospecho, las fáciles alhajas de su lecho, al campo se descuelga.
Irán	El lino ya, que de la reja cuelga, al hombre va faltando, y se viene a la tierra despeñando.
Anteo	¡Precipitado anhelo de desesperación!
Lidoro	¡Válgame el Cielo!
Anteo	Ya puesto en pie camina, haciendo desperdicio de la ruina.
Irán	Hacia nosotros viene.

(Sale Lidoro cayendo.)

Anteo	Sin duda que rendido nos previene avisos, a pesar de alguna envidia.
Lidoro	Decidme, moradores de la Lidia, ¿dónde, entre tropas tantas, vuestro príncipe está?
Irán	Puesto a tus plantas, señor y padre mío,

sin alma, sin acción, sin albedrío,
porque absorto, confuso y elevado
el verte de esta suerte me ha dejado.

Lidoro   Una y mil veces sea
felice, hijo, el día que te vea
la Fortuna en mis brazos,
lazos de amor.

Irán   Di nudos, y no lazos,
pues que la muerte, al verlos,
no podrá desatarlos sin romperlos.

Anteo   A todos da tu mano.

Lidoro   ¡Oh noble Anteo!
¡Oh amigos!

Irán   ¿Es posible que te veo?

Lidoro   En esta torre estaba
preso. La gente vi que se acercaba
al muro, y lima sorda de la reja
fue, no sé si mi mano o si mi queja.
Por ella me he arrojado,
del homenaje ya desobligado,
solo para avisarte
que, pues eres Adonis, no seas Marte.
Libre estoy, que es el fin que has pretendido;
no el ejército marche, que has traído,
un paso más; que aunque ahora Ninias reina,
temo que su prisión rompa la reina
a esta ocasión, y es su belleza una
deidad, que tiene imperio en la Fortuna.

(Dale el bastón.)

Irán
> Habiendo tú llegado,
> tú eres el general, yo tu soldado.
> Da la órdenes tú; que yo, al saberlas,
> solo trataré ya de obedecerlas.

Lidoro
> Pues marche en buen concierto
> la vaga población de este desierto
> la vuelta de aquel muelle que allí cierra
> el paso con el río.

(Dentro tocan cajas, y se da voces.)

Voces
> ¡Guerra, guerra!

Anteo
> Ya no es posible, porque ya ha salido
> de la ciudad la gente.

Lidoro
> Prevenido
> mi ejército le espere;
> mas no la embista, si embestir no quiere
> el suyo, pues que de la ofensiva
> guerra la acción se trueca en defensiva,
> al amparo esperando de esa sierra.

Unos (Dentro.)
> ¡Viva Ninias!

Otros (Dentro.)
> ¡Lidoro viva!

Todos
> ¡Guerra!

(Suenan cajas y clarines. Salen Semíramis, Lisias, Friso, Licas y algunos soldados.)

Semíramis

Príncipe joven, que a enterrarte vienes
donde el sepulcro de tu padre tienes,
¿cómo, si darle intentas
la libertad, sin dársela te ausentas?

Irán

Como ya se la he dado,
que para eso bastó el haber llegado;
y como he conseguido
el fin, ya que a tu patria me ha traído,
volverme pretendía,
porque desprecio del vencerte hacía.

Semíramis

¿Cómo, si en esa torre en infelices
prisiones yace, osadamente dices
que libertad le has dado? Es barbarismo.

Irán

¿Quieres ver cómo?

Semíramis

Sí.

Irán

Dígalo él mismo.

Lidoro

Libre estoy, porque habiendo
faltado el homenaje, bien entiendo
que pudieron gloriosos mis blasones
quebrantar de la torre las prisiones.

Semíramis

Yo me alegro de verte
libre, para prenderte
segunda vez, y para que mi brío
tenga más que vencer, que, en fin, es mío.

Irán	Pues si esto te provoca, embiste.
Semíramis	Toca al arma.
Lidoro	Al arma toca.
Licas	Hoy verás el valor que desconfías.
Friso	Hoy verás el valor de quien te fías.
Semíramis	Yo haré que el tiempo esta vitoria escriba.
Voces (Dentro.)	¡Guerra!

(Éntranse todos, sacando la espada.)

Unos	¡Viva Lidoro!
Otros	¡Nínias viva!

(Dase la batalla con mucho estruendo, y sale Chato.)

Chato
      A perro viejo no hay
tus tus, dice allá un proverbio,
y yo acá también lo digo,
puesto que soy perro viejo.
Sin ser pescador, apenas
vi que andaba el río revuelto,
cuando dije: «La ganancia
es mía». ¿Qué hago? Tomo y vengo
y rompo aquesta cadena,
y de madre y hijo huyendo,

que es tan malo uno como otro,
pasarme a otra tierra quiero.

(Suenan cajas.) Trabada está la batalla,
y en tanto que los encuentros
se barajan, quiero yo
echar a esta suerte el resto.
Escondido entre estas peñas
he de esperar el suceso.
¡Cuerpo de Apolo conmigo,
y cuál anda allí el estruendo!
Y aun aquí; que derramados
los dos ejércitos veo
no dejar parte ninguna
que no ocupen. Pues no tengo
dónde esconderme, la santa
mortecina hacer intento;
tiéndome de largo a largo.

Semíramis (Dentro.) ¡Ay de mí!

Chato   Ya no me tiendo,
porque por aqueste monte
bajar despeñado veo
un hombre, y no es bien quitarle
que él haga el papel del muerto.
Cada uno a lo que toca
acuda.

(Sale Semíramis, sangriento el rostro, y con flechas en el cuerpo, como cayendo.)

Semíramis   ¡Valedme, cielos!

Chato	Y así, acuda yo a esconderme, y él a morirse.
Semíramis	¡Ah! ¡Qué presto has acabado, Fortuna, con mi vida y con mis hechos!
Chato (Aparte.)	(La voz quiero conocer, aunque es verdad que no quiero.)
Semíramis	En fin, Diana, has podido más que la deidad de Venus, pues solo me diste vida hasta cumplir los severos hados que me amenazaron con prodigios, con portentos, a ser tirana, cruel, homicida, y de soberbio espíritu, hasta morir despeñada de alto puesto.
Chato (Aparte.)	(Tanto miedo tengo que aun para huir valor no tengo.)

(Tocan cajas y dicen dentro.)

Todos	¡Viva Lidia!
Lidoro	La vitoria seguid, que hoy es el día nuestro.
Semíramis	¿Qué es vivir? Aunque no es mucho que ella viva, si yo muero. Mas lo poco que me queda

de vida, lograrlo pienso;
que a costa de muchas muertes
morir bien vengada intento.

Chato (Aparte.)   (No tropiece con la mía.)

(Suena la cadena de Chato.)

Semíramis   ¿Qué triste, ronco y funesto
son de prisiones se mezcla
con los marciales estruendos?

Chato (Aparte.)   (Es la cadena de un galgo,
que anda por aquesos cerros
a caza de liebres, y es
el galgo y la liebre a un tiempo.)

Semíramis   ¿Qué quieres, Menón, de mí,
de sangre el rostro cubierto?
¿Qué quieres, Nino, el semblante
tan pálido y macilento?
¿Qué quieres, Ninias, que vienes
a afligirme triste y preso?

Chato   Sin duda que ve fantasmas
éste que se está muriendo.

Semíramis   Yo no te saqué los ojos.
Yo no te di aquel veneno.
Y si el reino te quité,
ya te restituyo el reino.
Dejadme, no me aflijáis.
Vengados estáis, pues muero,
pedazos del corazón

arrancándome del pecho.
Hija fui del aire, ya
en él hoy me desvanezco.

(Muere Semíramis.)

Voces (Dentro.)   ¡Viva Lidoro!

Lidoro (Dentro.)   El alcance
                    seguid, pues que van huyendo.

(Salen Friso, Licas, Lisias, y soldados.)

Licas   Hoy es para Babilonia
                    infausto el día.

Friso   Los cielos
                    conjurados se declaran
                    contra nosotros.

Lisias   No menos
                    que juzgamos es la ruina,
                    si en aquel pavés advierto.

Licas   ¡Qué desdicha!

Lisias   ¡Qué tragedia!

Friso   Mayor es la que vemos,
(Aparte.)   que este cadáver... (Mas ¡ay
                    infeliz! No el sentimiento
                    me haga decir que yo supe
                    antes de ahora este secreto,
                    pues solo puede salvarme

el sagrado del silencio.)

Lisias   ¡Ay joven rey, cuánto fue
                   trágico tu nacimiento!

(Tocan y dice dentro Lidoro.)

Lidoro   Pues en la ciudad se entran,
                   no paréis hasta entrar dentro.

Licas   Tan gran desdicha, Lisias,
                   no tiene ya otro remedio
                   sino que en el mauseolo
                   a Ninias depositemos,
                   y de su oculto retiro
                   a Semíramis saquemos,
                   pues solo puede salvar,
                   o su fortuna o su esfuerzo,
                   nuestra patria de estas iras.

Lisias   En los hombros le llevemos.

(Llevan Licas y Lisias en los brazos a Semíramis.)

Friso   Llevadle los dos, que yo
                   ánimo y valor no tengo;
                   pues aunque le pierden todos,
                   soy yo solo el que le pierdo.

(Vase Friso y salen Astrea y Libia.)

Astrea   Huyendo la gente vuelve
                   a la ciudad.

Libia	En no siendo Semíramis quien la anima, siempre esperé mal suceso.

(Sale Chato.)

Chato	Tal es lo que pasa allá, que aquí a la prisión me vuelvo.
Astrea	Chato, ¿qué es esto?
Chato	¿Queréis que lo diga todo, y presto? Pues es que todos, señoras, han lo que yo hiciera hecho.
Astrea	¿Qué es?
Chato	Huir, y que en el campo queda...
Libia	Dilo.
Chato	...Ninias muerto.
Astrea	¡Ay infelice de mí! Máteme mi sentimiento.

(Dentro voces.)

Unos	Grande Semíramis bella.
Otros	Sal de aquese oculto encierro a dar la vida a tu patria.

Otros   Felice reina, tus hechos
                         nos rescaten de tan graves
                         ruinas como padecemos.

(Salen Lisias, Licas, Friso y soldados.)

Lisias   Entrad, y romped las puertas
                         de su cuarto.

Licas   Vuelva el cetro
                         a las manos de quien tuvo
                         en ellas todo el imperio
                         de la Fortuna.

Friso (Aparte.)   (¡Ay de mí!
                         Que ella ha sido la que ha muerto.)

Lisias   Abrid la puerta.

(Abren una puerta como a golpes y sale Ninias.)

Ninias   Tiranos,
                         ¿no basta tenerme preso,
                         sino también venir hoy
                         a darme muerte?

Todos   ¿Qué es esto?

Ninias   Vuestro rey soy. Pues ¿por qué
                         me quitáis la vida? ¿El reino
                         no basta?

Astrea   ¡Cielos! ¿Qué oigo?

146

	Rendida tus plantas beso.
Lisias	Vasallos, bien claro está
	de entender tan gran suceso,
	y que fue, pues Ninias vive,
	Semíramis la que ha muerto.
Licas	Su soberbia hizo, sin duda,
	la traición de aqueste trueco.
Lidoro (Dentro.)	(De Semíramis es éste
	el gran palacio. Entrad dentro,
	que en ella agora me falta
	de vengar aquel desprecio.)

(Salen Lidoro, Irán, Anteo y los soldados.)

Lisias	No podrás en ella ya,
	poderoso Rey, supuesto
	que ella murió y Ninias vive.
Lidoro	Pues sí vive a quien yo debo
	la libertad que me dio,
	y no fue quien me dio luego
	el la segunda prisión, vean
	que aquel favor le agradezco,
	y esta vitoria no sigo,
	pues que las armas suspendo.
Irán	Yo también le reconozco
	los favores que te ha hecho.
Ninias	Yo, agradecido a los dos,
	pago a Astrea lo que debo,

y perdono a quien estuvo
culpado en tenerme preso,
porque de la hija del aire
la historia acabe con esto.

Fin de la comedia

Libros a la carta

A la carta es un servicio especializado para
empresas,
librerías,
bibliotecas,
editoriales
y centros de enseñanza;
y permite confeccionar libros que, por su formato y concepción, sirven a los propósitos más específicos de estas instituciones.

Las empresas nos encargan ediciones personalizadas para marketing editorial o para regalos institucionales. Y los interesados solicitan, a título personal, ediciones antiguas, o no disponibles en el mercado; y las acompañan con notas y comentarios críticos.

Las ediciones tienen como apoyo un libro de estilo con todo tipo de referencias sobre los criterios de tratamiento tipográfico aplicados a nuestros libros que puede ser consultado en Linkgua-ediciones.com.

Linkgua edita por encargo diferentes versiones de una misma obra con distintos tratamientos ortotipográficos (actualizaciones de carácter divulgativo de un clásico, o versiones estrictamente fieles a la edición original de referencia).

Este servicio de ediciones a la carta le permitirá, si usted se dedica a la enseñanza, tener una forma de hacer pública su interpretación de un texto y, sobre una versión digitalizada «base», usted podrá introducir interpretaciones del texto fuente. Es un tópico que los profesores denuncien en clase los desmanes de una edición, o vayan comentando errores de interpretación de un texto y esta es una solución útil a esa necesidad del mundo académico.

Asimismo publicamos de manera sistemática, en un mismo catálogo, tesis doctorales y actas de congresos académicos, que son distribuidas a través de nuestra Web.

El servicio de «libros a la carta» funciona de dos formas.

1. Tenemos un fondo de libros digitalizados que usted puede personalizar en tiradas de al menos cinco ejemplares. Estas personalizaciones pueden ser de todo tipo: añadir notas de clase para uso de un grupo de estudiantes, introducir logos corporativos para uso con fines de marketing empresarial, etc. etc.

2. Buscamos libros descatalogados de otras editoriales y los reeditamos en tiradas cortas a petición de un cliente.

www.ingramcontent.com/pod-product-compliance
Lightning Source LLC
La Vergne TN
LVHW091220080426
835509LV00009B/1084